高技术企业开放式知识产权管理系统研究

康 鑫 著

科 学 出 版 社

北 京

内 容 简 介

本书立足高技术企业知识产权管理的实际需求，以及当今知识经济背景下的现实条件，提出开放式知识产权管理全新概念，根据高技术企业高投入、高产出、高风险等特质及知识密集、技术密集的特点，构建出开放式知识产权管理系统完整的理论框架，分析开放式知识产权管理系统及各个子系统的概念、构成和耦合机制。在此基础上，结合高技术企业知识产权管理难以量化评价的实际，提出开放式知识产权管理系统评价方法，同时结合企业知识产权管理实践，从宏观、中观及微观三个层面提出保障我国高技术企业开放式知识产权管理系统有效运行的政策建议，为中国高技术企业知识产权管理实践提供借鉴。

本书适用于管理类领域的相关研究者，同时适用于高技术企业知识产权从业人员，也可为企业管理类人员的培养提供参考。

图书在版编目（CIP）数据

高技术企业开放式知识产权管理系统研究 / 康鑫著. —北京：科学出版社，2020.5

ISBN 978-7-03-064055-0

Ⅰ. ①高… Ⅱ. ①康… Ⅲ. ①高技术企业–知识产权–管理–研究–中国 Ⅳ. ①D923.404

中国版本图书馆 CIP 数据核字（2020）第 014625 号

责任编辑：马 跃/责任校对：贾娜娜
责任印制：张 伟/封面设计：正典设计

科 学 出 版 社 出版
北京东黄城根北街 16 号
邮政编码：100717
http://www.sciencep.com

北京虎彩文化传播有限公司 印刷
科学出版社发行 各地新华书店经销
*

2020 年 5 月第 一 版 开本：787×1092 1/16
2020 年 10 月第二次印刷 印张：10 3/4
字数：220 000

定价：98.00 元
（如有印装质量问题，我社负责调换）

序

　　经济全球化不断加速和知识经济的兴起与发展对全球范围内的产品生产模式、经济增长方式、产业结构等产生了深远的影响，以信息技术、新材料技术、空间技术等为代表的高技术企业展现出了前所未有的发展前景。由高技术企业自身特点决定，其发展与知识产权的发展密不可分。由于知识产权具有独占性、可转移性、投入产出比高等特点，对于高技术企业来说，知识产权的创造、申请和保护构成了企业战略的重要组成部分。2012年，党中央将创新驱动发展战略明确写入党的十八大报告，充分表明了我们党依靠创新实现经济社会更好更快发展的坚定决心和对科技创新的高度重视，其中以国家基础性战略资源——知识产权为核心，深入实施国家知识产权战略，建设知识产权强国、推进科技发展与应用、整合创新创业资源是实现创新驱动发展战略的重要环节，知识产权中科技创新特色明显增强。然而，由于信息化和全球化背景下知识型员工数量的骤增与高流动性、风险投资市场的兴起、外部思想的可用性、大学等科研机构研究能力的提高及外部供应商能力的不断增强等大量侵蚀性因素的影响，高技术企业需要平衡内部创新与外部获取、内部应用与外部应用之间的关系，充分关注知识产权的跨组织流动和优化配置。

　　高技术产业的发展与知识产权的发展密不可分。对于高技术产业来说，知识产权的创造、申请和保护构成了产业战略的重要组成部分：一方面，知识产权优化管理、培育自主知识产权成为高技术产业发展的第一要务；另一方面，创新效率成为高技术产业发展的评判标准。特别地，在经济新常态背景下，为了推进重大创新或开发新产品，企业在创新活动中越发依赖外部的知识资源，随着省域内产业间技术联盟、产业集群，价值链上下游之间知识、技术、资源的合作日趋频繁，越来越多的高技术企业已经以"合作"代替"竞争"、以"共享"代替"独占"，从而实现资源利用和研发效率的最大化，传统封闭式的知识产权管理和创新行为注定无法满足企业发展的实际需要。

　　知识产权管理按其研究脉络的发展可分为三个阶段：第一阶段，学者的研究重心在于知识产权保护，常从法理上探讨知识产权保护法律法规的缜密性，侧重于论证严格的知识产权保护对企业自身生存和产业发展所具有的积极意义。例如，国内知名知识产权学者冯晓青、郭禾、李永明等对中国知识产权立法渊源、法理特征、政策建议等做了全面的描述；陈丽针对中国加入世界贸易组织（简称入世）与TRIPS[①]对中国的影响做了分析，并从产权制度角度提出了保障自身权益的对策；萧延高等从法律的角度对知识产权

---

① TRIPS（Agreement on Trade-related Aspects of Intellectual Property Rights）即《与贸易有关的知识产权协议》。

的法理情况和国际通则进行了概述，论述著作权、专利权、商标权和商业秘密的法律关系及其取得、运用与保护的方法，分专题讨论了知识产权管理的策略，如技术创新中的知识产权风险识别与控制策略、知识产权商业化策略和知识产权诉讼策略等，并对国际贸易中涉及知识产权法律的问题做了理论性分析。

第二阶段，学者将知识产权提升到了战略高度，从系统观的视角认识知识产权管理全过程，围绕知识产权开发、保护、运营开展研究，甚至有部分文献已开始反思强知识产权保护条件对企业乃至产业发展产生的负面影响。国内学者如徐雨森、洪伟等均对知识产权管理的重要性进行了阐释；唐杰根据信度、效度优先的原则和知识产权活动过程的特点，从知识产权的创造、运用、保护和管理四个层面构建了企业知识产权战略管理运行效果评价指标体系。国外学者如 Benoit、Arahi、William 等学者均强调知识产权管理对企业知识产权整体运营的重要性，指出低层次的高技术知识产权管理手段会导致知识产权运用效率降低，同时会导致管理成本增加、造成资源浪费。

第三阶段，学者已将目光转向知识产权管理绩效、知识产权集成创新和知识资产共同创造等问题上，力求寻找知识产权管理同知识产权共享、协作的均衡，最终促进企业创新能力的提高。例如，许培源等以1997～2013年中国高技术产业19个细分行业为例，研究知识保护与技术创新之间的关联性。结果表明，高技术产业对知识产权保护更加敏感，而随着产业（也称行业）技术差距的缩小，知识产权保护对技术创新效应会越发明显。Laursen 和 Salter 指出，如果企业采取严格的知识产权管理措施，过于强调对知识产权的保护，就会导致"保护近视症"，即企业禁锢于所有权中，狭隘地寄希望于知识产权来保障其从创新中获利，而忽视了对外部资源与外部支持的整合，这样的"保护近视症"限制了企业与供应商、用户及竞争者之间的知识交易，失去了将外部发明进行商业化的机会，不利于提升企业创新绩效。

以上研究证实了知识产权管理水平的高低会对知识资本市场化运营的价值和技术创新过程中智力资本的运用产生影响，即知识产权管理绩效的高低直接决定了高技术企业的创新水平。高技术产业在国民经济中的重要性与日俱增，我国也基本形成了政府、企业、科研院所及高校、技术创新支撑服务体系四角相倚的创新体系，随着产业结构的优化升级，也涌现出了部分优势高技术企业。因此，《高技术企业开放式知识产权管理系统研究》正是从我国经济发展的大环境同经济结构调整转型的视角综合考量，从"开放式知识产权管理"这一全新视角出发，将知识产权协同纳入知识产权管理系统中来，形成完整的知识产权绩效评价体系，并给出保障我国高技术企业知识产权管理绩效的策略，这对于拓宽知识产权这一创新要素同创新效率的依存边界、提高创新效率研究的广度和深度具有重要的研究价值。

康鑫博士学习及工作期间一直从事知识产权管理、技术创新管理方面的教学与研究工作，近年来在与知识产权相关的交叉学科研究上也取得了可喜的成绩，高技术企业知识产权管理研究是其一，他围绕着知识产权这一主题发表了多篇文章，如《基于最优组合赋权法的高技术产业开放式知识产权管理绩效研究》《知识产权管理、产业升级与绿色经济增长——以产业转型升级期的广东为例》《区域高技术产业知识产权运营效率研究——基于DEA 和 TOPSIS 模型的实证分析》《高技术企业知识产权开发动力机制研究》《基于群组决策特征根法的高技术企业知识产权开发评价指标识别》《基于知识管理的高技术企业知识产权保护系统协同机制研究》《知识产权保护、FDI 与研发创新全要素生产率研究》等，主持或参加多项省部级及以上企业知识产权管理研究的课题。本人是康鑫的博士生导师，他勤奋、好学的性格特质给我留下了深刻印象，他具有管理学学士学位、管理学硕士学位、管理学博士学位，以及博士后研究经历，是中国知识产权相关领域研究的一名迅速成长的青年学者。

《高技术企业开放式知识产权管理系统研究》一书从我国高技术企业知识产权管理的现状出发，根据我国知识产权立法制度及企业管理的实际，提出开放式知识产权管理的概念，并对开放式知识产权管理系统的构成、影响因素、各个子系统的运行机制进行深入剖析，为提升我国高技术企业知识产权管理能力，进一步增强高技术企业技术创新能力提供可借鉴的依据。该研究成果还为相关知识产权职能部门制定知识产权相关政策、进行顶层设计提供可借鉴方案。《高技术企业开放式知识产权管理系统研究》的特点与创新主要表现在以下几方面。

第一，从当今信息、知识、技术频繁交互的背景入手，提出开放式知识产权管理系统的概念，为知识产权研究开辟了一条崭新的视野，也符合高技术企业间技术创新、研发合作的实际。

知识产权管理的意义在于依法保护知识、智力成果创造主体的权益不受侵犯，从而营造公平的创新环境，激励各类组织不断从事各类研发和创新活动，提高社会整体科技水平。而结合我国知识产权发展的实际情境，受知识员工素质、创新资源、企业理念、制度法规等诸多因素的制约，同过度强调知识产权保护相比，知识产权的协同与合作是我国高技术企业更迫切需要解决的现实问题，因此该书所构建的开放式知识产权管理系统正是针对上述问题提出的，具有很强的创新性。

第二，根据高技术企业开放式知识产权管理系统的目标要求，该书构建了高技术企业知识产权管理系统的运行机制，分别设计了高技术企业知识产权开发子系统运行机制模型、知识产权保护子系统运行机制模型、知识产权运营子系统运行机制模型及知识产权协同子系统运行机制模型，揭示了各个子系统之间的相互关系和作用机理。

知识产权管理是一项复杂的系统工程，知识产权开发、知识产权保护、知识产权运营及知识产权协同四个维度均需获得足够重视。另外，知识产权管理的四个维度之间并不能割裂开来，需要联动耦合，发挥知识产权管理整体的能量，该书的研究正是从系统的角度出发，不仅分析各子系统的功能、性质，还对系统整体的耦合机制进行有益的探索。

第三，从我国高技术企业知识产权管理的实际出发，从国家、产业和企业三个层面提出保障我国高技术企业知识产权管理系统顺利运行的相关建议，为改善中国高技术产业整体水平提供了思路。

总之，该书的研究视角新颖，研究内容充实，具有很好的启发性和前沿性。

最后，学术研究是一项长期的工程，该书的视野和相关研究观点、研究看法也有进一步改进和完善的空间，期待康鑫在知识产权管理领域取得更大的成绩。

哈尔滨工程大学　陈伟

2018 年 2 月

目 录

第一篇 导 论

第一章 高技术企业开放式知识产权管理概论

第一节 知识产权管理引论

一、知识产权管理内涵及外延

（一）知识产权概念及特点

知识产权也称为"知识所属权"，指"权利人对其智力劳动所创作的成果享有的财产权利"，一般只在有限时间内有效。各种智力创造，如发明、外观设计、文学和艺术作品，以及在商业中使用的标志、名称、图像，都可被认为是某一个人或组织所拥有的知识产权。一般而言，知识产权的内涵随着人类社会实践的发展而不断完善，同时与国别和国际公约的相关规定有关。

知识产权是企业无形资产的重要组成部分，而无形资产是企业资源不可或缺的一部分。在精神领域的民事权利范围中，无形财产权（也称无形资产）是知识产权的另一种称谓。企业资源由有形资产和无形资产共同组成，而无形资产由于其强于有形资产的独占性和排他性而在企业资源的组成中占有重要的地位。由此可知，企业资源的内涵与范围大于知识产权，并且包含知识产权，也就是说知识产权对于现代企业而言是作为企业资源而存在的（吴汉东，2009）。

知识产权具有独占性、排他性的特点。独占性体现在知识产权为权利人所独占，权利人垄断这种专有权利并受到严格保护，没有法律规定或未经权利人许可，任何人不得使用权利人的知识产品；知识产权的排他性是指对于同一项知识产品，不允许有两个或两个以上同一属性的知识产权并存。知识产权的特点同企业稀缺资源所具备的特点相吻合，知识产权与企业的发展有着密切的相关性。

（二）知识产权管理重要性

回顾世界经济发展历程，西方发达国家的强盛及新兴发达国家的崛起均同知识、技术的革命存在密切联系。历次科技、工业革命均对社会进步产生了巨大推动作用。相关统计显示，从 20 世纪中期至今，发达国家约 50% 的经济发展由技术进步和知识创新驱动，知识与技术创新已成为经济增长的动力和源泉。根据经济学相关理论和先发国家的实践，社会进步与经济增长呈现出阶梯上升的特点，在不同的经济增长阶段，经济增长的动力各不相同。按照企业战略管理研究知名学者迈克尔·波特的观点，经济增长可以划分为要素驱动、投资驱动、创新驱动及财富驱动四个阶段。21 世纪 20 年代，中国正处于从要素驱动、投资驱动向创新驱动转型升级的阶段，生产力发展与支撑条件已经无法满足创新驱动阶段的实际需求，中国经济增长逐渐受到诸多因素的制约，这就要求我们进行发展动力的切换，转向创新驱动发展。创新驱动是主要依靠知识、技术、劳动者素质提高和管理创新等高级要素，而不是主要依靠土地、资源、劳动力等初级要素扩张规模的发展模式，其本质是依靠自主创新，充分发挥科技的支撑和引领作用，走上内生性增长道路，实现科学发展、全面协调可持续发展（樊继达，2014）。创新驱动发展历经技术开发、确权、市场实验推广等环节最终市场化并满足社会需求，在以市场为主导的自由市场经济背景下，企业间的知识产权行为缺少制度的支撑，企业在知识产权运用过程中存在侵权或保护过度的现象，这些均对创新主体的利益造成了损害，挫败其创新的积极性。为了极大发挥知识产权在技术创新方面所应发挥的作用，世界各国相应出台一系列以保护知识产权为目的的政策条文，知识产权制度应运而生。知识产权制度的出现极大地确保了知识产权参与各方的合理诉求不被侵犯，为企业等市场主体的技术创新提供了强大保障，遏制知识智力成果轻易被模仿和窃取，最终推动了知识进化和技术革命。美国专利及商标局与美国商务部经济和统计管理局联合发布的《知识产权与美国经济：2016 更新版》报告指出，截至 2014 年美国共有 81 个知识产权密集型产业，创造产值 6.6 万亿美元，对国内生产总值（gross domestic product，GDP）的贡献率达 38.2%。知识产权密集型行业直接提供的就业岗位为 2790 万个，占全部就业岗位的 18.2%[①]。

此外，国家知识产权局规划发展司 2015 年第 20 期《专利统计简报》显示，"特别是 2008 年国家启动实施知识产权战略以来，我国发明专利申请量已经连续三年位居全球第一"。同时国家知识产权局发布的《中国专利密集型产业主要统计数据报告（2015）》显示，"2010~2014 年，我国专利密集型产业增加值合计为 26.7 万亿元，占 GDP 的比重为 11.0%，年均实际增长 16.6%，是同期 GDP 年均实际增长速度（8%）的两倍以上；专利密集型产业平均每年提供 2631 万个就业机会，以占全社会 3.4% 的就业人员创造了超过全国 1/10 的 GDP，劳动者报酬占比为 9.4%"。可见，知识产权管理有助于提高企业科技创新能力，有利于打通科技和经济转移转化的通道，优化科技政策供给，完善科技评价体系。知识产权活动对提升企业绩效、优化产业结构及拉动国家经济增长的作用日趋明显（杨早立，2016）。

---

① 资料来源：《知识产权密集型产业对美国经济的贡献》，http://www.nipso.cn/onews.asp?id=37457，2017 年 8 月 14 日。

（三）知识产权的范围

知识产权范围的划分遵循《建立世界知识产权组织公约》（The Convention Establishing the World Intellectual Property Organization，WIPO 公约）和 TRIPS 等国际公约或协议所设定的标准。世界知识产权组织（World Intellectual Property Organization，WIPO）认为，知识产权包括著作权及邻接权、专利权、工业品外观设计权、商标权、科学发现、防止不正当竞争；TRIPS 认为，知识产权包括著作权及邻接权、专利权、工业品外观设计权、商标权、地理标志权（《巴黎公约》表达原产地信息）、集成电路布图设计权（这是近二十年来出现的新权）、未公开信息（为拥有者带来经济和社会效益的信息，其包括的内容十分宽广，从技术秘密到经营的客户名单，主要涉及刑法的商业秘密）、植物新品种（是二十多年来的新成员）。

随着科学研究边界的持续拓展，知识产权保护对象的范围也逐渐扩大，相继出现新的智力成果，如计算机软件、生物工程技术、遗传基因技术、植物新品种等，并成为各国所公认的知识产权保护对象。

二、知识产权的历史沿革

知识产权制度在世界上有着悠久的历史，尤其是各类知识产权中的专利、商标和版权的立法时间最早。其历史发展大体上可以分为五个阶段（潘李鹏，2016）。

（一）萌芽阶段

在 13～14 世纪，出现了由封建王室赐予工匠或商人的类似于专利的垄断特权，这为后来知识产权制度的形成打下了基础。

（二）初创和普遍建立阶段

在 15～19 世纪末，世界上第一部专利法、垄断法、版权法和商标法相继诞生，如威尼斯共和国的《发明人法规》（1474 年）、英国的《垄断法》（1624 年）、英国的《安妮女王法令》（1710 年）、法国的《关于以使用原则和不审查原则为内容的制造标记和商标的法律》（1857 年）等。19 世纪末绝大多数西方资本主义国家都建立了自己的知识产权制度（主要指专利制度、商标制度、版权制度）。

（三）持续发展阶段

在 19 世纪末～20 世纪末，知识产权制度在这一阶段的进一步发展主要表现在两个方面。纵向发展：西方资本主义国家的知识产权制度在原有基础上通过不断修订变得更加完善、科学，尤其是随着国际知识产权制度（如 1883 年《保护工业产权巴黎公约》和 1886 年的《保护文学和艺术作品伯尔尼公约》）的建立，各国知识产权制度呈现从"各自为政""各行其是"到逐步国际化、现代化的特点。在此背景下，各国又签订了数量更多的知识产权国际条约（其数量达数十个之多），这使知识产权保护对象逐步增多，知识产权的种类也有所增加。至 1970 年 WIPO 成立时，各国的知识产权制度已登上了一个新的台阶。横向发展：知识产权法律制度在资本主义国家外的更多国家得到实行。20 世纪后期，社会主义国家开始重视知识产权保护制度。苏联和东欧国家也都制定了自己的专利法、商标法、版权法等。此外，第二次世界大战结束后广大已经获得独立的发展中国家为了发展民族经济也都实行了专利等知识产权制度。20 世纪 80 年代起，我国也开始制定知识产权立法，加入到世界知识产权制度国家的行列中。当然，在许多方面社会主义国家、发展中国家与资本主义国家的知识产权制度存在着一定的差异，如苏联和大多数东欧国家实行发明人证书制度和专利制度混合的发明保护制度（即双轨制），规定取得发明人证书后，发明权归国家所有，发明人只取得一定奖励，不能拒绝国家批准的其他人使用该发明。又如，部分独立的发展中国家实行输入专利（patent of importation）和确认专利（patent of confirmation）等制度，这类专利由于是在外国（原宗主国）有效专利的基础上授予的，经由本国专利局登记即可确权。这种专利制度带有很强的依赖性，实际上并没有建立本国完全独立的专利制度。

（四）全球知识产权制度发展阶段

20 世纪末至今，随着科技的发展，国际贸易中商品知识、技术含量增加，各国尤其是发达国家为了取得和保持市场优势地位，开始重视国际贸易中的知识产权保护问题。一些国家不仅注意提高本国知识产权立法和执法水平，同时设法利用国内立法及签订或修改国际公约和条约来迫使其他国家提高知识产权保护水平。这一阶段最引人注目的发展是以美国为首的发达国家极力推动订立的《关税与贸易总协定》（1995 年起为世界贸易组织[①]所替代）体系内的 TRIPS。TRIPS 的诞生，不但进一步扩大了知识产权保护对象的范围，而且提出了 WTO 成员必须达到的最低保护要求，这在相当大的程度上使原来差异较大的各国知识产权制度统一到了同一个最低保护标准上，并对今后世界知识产权制度乃至各国经济贸易关系的进一步发展产生了极其深刻的影响。

（五）全球知识产权新趋势与我国应对策略

新一轮科技革命和产业变革与我国加快转变经济发展方式形成历史性交汇，创新驱动发展战略、制造强国战略等国家重大战略的实施均将知识产权作为重点任务内容，在这种形势下，全球知识产权领域最新动向、发展趋势尤其值得跟踪和关注。

在以我国为代表的新兴经济体及以美国为代表的发达经济体的带领下，全球知识产

---

① 世界贸易组织（World Trade Organization）简称 WTO。

权发展迅速，并呈现出以下新趋势。

一是创新对知识产权保护的需求更加迫切。在全球范围内提升知识产权保护水平，对于促进全球生产要素快速、有效地流动、聚集、创造价值有重要意义，也对云计算、大数据等新业态的健康和可持续发展、建立良好创新生态系统有重要意义。

二是知识产权制度功能失衡现象不容忽视。知识产权重要性日益显现的同时，伴随着知识产权滥用多发，知识产权保护创新与维护市场公平竞争功能的天平出现失衡。

三是商业秘密的重要性进一步凸显。商业秘密作为一种更新、更有力的知识产权保护手段其重要性日趋显现。

四是我国高技术企业技术创新的海外知识产权环境仍然严峻。

全球知识产权发展新趋势对我国高技术企业技术创新驱动发展的良好知识产权环境提出了新要求，主要表现在以下方面。

第一，更加依赖我国知识产权保护的充分性和有效性。随着知识产权意识的逐步提升，我国高技术产业领域整体知识产权保护意识和能力明显提升，但与新形势新要求相比差距仍不小。一是知识产权保护不够充分；二是知识产权保护不够有效。

第二，更加警惕和防范知识产权滥用行为。劳动力、资本和土地资源等传统生产要素对经济增长的边际贡献率逐步递减，以专利、商标、商业秘密等知识产权为集中代表的无形资产的战略性地位日益凸显，知识产权保护和运用已经不再是被动防御之举，而成为关系技术革命和产业变革发展的黄金要素。

第三，更加重视发展和保护商业秘密。商业秘密是知识产权重要形态之一，国内商业秘密立法较为分散、缺乏协调性，在初步禁令、证据保存和损害赔偿规则等方面尚不完备，商业秘密保护法亟须及时出台。

在全球知识产权的大环境下，我国高技术企业知识产权管理遇到更为严峻的挑战，同时给高技术企业对外寻求创新资源和便利条件提供了广阔渠道。因此，从顶层设计层面出发，高技术企业知识产权管理应考虑以下问题。

第一，建立充分和有效的知识产权保护执法体系。延展知识产权保护范畴，重点加强海外贸易和数字经济新业态的保护；加强与国际组织和境外执法部门的沟通、协调与合作；联合政府、驻外机构、企业、中介组织、行业协会的力量，加快建立知识产权海外维权援助中心、维权网络平台；运用大数据、云计算、物联网等信息技术，完善对数字经济下新业态、新商业模式的保护，制定政策规制众创、众包、众筹等的知识产权保护，加强对创业创新早期的知识产权保护；同时，完善行政执法和司法保护两条途径有机互补的模式。

第二，促进知识产权保护与防滥用平衡发展。在司法行政实践中，应秉承"平衡保护"的原则，即对某件知识产权的保护范围和强度应与其特定的技术创新和贡献相适应，防止保护过度带来的创新抑制；遭遇知识产权滥用行为时，企业应鉴别并敢于用法律、商业谈判等多种方式应对；对于急速发展、但知识产权储备不足的我国企业，要进行高质量的核心技术知识产权自主创新储备，还可通过收购、并购等快速"输血"的方式，一次性完成专利的量增。

第三，提升企业商业秘密保护意识和能力。政府层面，需要在初步禁令、证据保存和损害赔偿规则等重要问题上进行立法与执法的切实完善，营造商业秘密保护的良好环境；企业层面，要切实提高全员商业秘密保护意识，根据本行业特点建立符合本企业技术安全和管理需要的商业秘密保障体系，适应"互联网＋"时代需求，对企业商业秘密信息的"数据创建、密级标识、知悉范围、数据存储、使用、共享、归档及销毁"进行访问控制和安全管理，规范和细化保密规章，完善动态、全面的商业秘密保护网。

第二节　开放式知识产权管理

　　传统创新模式下，组织边界是相对封闭的，技术创新是在企业内部进行的，同时，企业在内部对创新的技术实施商业化，并防止技术外溢，保护核心技术并维持自身的竞争优势。其潜在的基本假设是"行业中最聪明的员工聚集在本企业内部"，相应的企业策略是"成功的创新需要控制"（Fosfuri，2006）。然而，由于信息化与全球化背景下知识员工数量的骤增和高流动性、风险投资市场的兴起、外部思想的可用性、大学等科研机构研究能力的提高，以及外部供应商能力的不断增强等大量侵蚀性因素的影响，很多行业和企业所依赖的传统创新模式面临着较大的困境，在此背景下，Chesbrough 和 Crowther（2006）提出的开放式创新的概念及其理论受到学者们的广泛认同，并成为之后创新管理和实践领域研究的热点。他们将开放式创新界定为"企业能够并应当如同利用内部创意一样利用外部创意，以及内部的和外部的市场化途径，由此提升企业技术能力的一种范式"，它包括由外而内、由内而外和双向流程三种基本流程类型。当企业打开组织边界和内部创新流程的时候，专属权问题的解决是必要的（Fosfuri，2006），它是开放式创新理论的一个核心问题。尽管知识产权专属制度能够在一定程度上遏制创新中的机会主义倾向，保护创新者的创新收益，但是，过于严厉的专属制度不仅内控成本高昂，冻结了部分知识产权的潜在商业化收益，还会打击创新参与者共同创新的积极性。因此，高技术企业需要平衡内部创新与外部获取、内部应用与外部应用之间的关系，充分关注知识产权的跨组织流动和优化配置，促进知识产权的利用和增值。

　　封闭式的创新面临着越来越多的收益困境，不仅收益受到冲减，而且内生成本显著增加，而开放式创新则赋予知识产权新的利用机会和获益能力，通过开辟知识产权外部收益途径，以及知识产权外部来源渠道，其收益远超由此引发的耗散损失和共同研发成本。开放式知识产权管理是在保证知识产权开发、知识产权保护、知识产权运营三个层面知识产权活动基本平衡或不失衡的前提下，提倡知识产权协同的知识产权管理体系。该概念的提出基于两点原因：一方面，知识产权需要满足新颖、有用、可用、受法律保护等条件，它保护创新成果，代表创新激励，避免创新被模仿，使创新者能够获得暂时性的垄断利润。然而，在特定的技术背景和市场需求中，企业中仅有小部分知识产权具有较高的经济价值，可以通过某种商业化模式使这部分知识产权与市场接轨，实现价值。严格的知识产权保护制度使组织内部及组织间的研究部门、开发部门及市场运营机构更趋于偏离，致使技术供给和技术需求相脱节。另一方面，在封闭式创新下，知识产权只能通过内部研究获得，它被看作是创新的副产品，其使用受到严格的控制，只能借助内部商业化途径。严格的知识产权管理制度旨在保持对新技术的绝对控制权，发挥技术壁垒的作用，避免被他人使用，这种做法虽然能在很大程度上保证知识产权不被外界侵害，但无法将组织内外闲置知识产权的潜在经济价值释放出来。开放式知识产权管理提供了一种可行的途径，在开放式创新模式下，企业内部知识产权活动与外界知识、技术、渠道等创新资源有机结合起来，采用该模式的企业更多关注的是内外创新资源的优化配置和有效利用，以更有效的方式实现技术创新及其商业化（张永成和郝冬冬，2016）。

开放式知识产权管理使跨组织知识产权转移已经变成了一些企业内部创新流程的关键补充，尤其是当知识产权管理和商业模式及创新过程联系起来的时候。开放式知识产权管理也会增加企业管理的复杂程度，增加相应的管理成本，如协调费用、交流费用、信息整理归集费用和更新费用等，但随着知识产权的跨组织流动和更为有效地被利用乃至商业化，知识产权管理活动的价值性也就显现出来了（张永成和郝冬冬，2016）。

第二章　国内外开放式知识产权管理研究述评

第一节　国外研究动态

国外高技术企业发展较早，学者对知识产权的研究无论是在理论上还是在实践中都比国内深刻、具体。学者的相关研究主要集中在以下几方面。

一、对高技术企业知识产权开发的研究

Borg（2001）认为知识资本已经成为决定高技术企业是否盈利的基本资本，在以知识为基本依托的高技术企业中，知识资本和信息流可以在特定知识应用的基础上向潜在客户进行独立于产品或服务的市场营销。美国学者 Bekkers 等（2002）考查了知识产权的创造过程在形成全球移动通信行业中的作用。移动通信行业可以说是专利与技术起主导作用的高技术产业的典范，在全球移动通信行业标准的制定过程中，相关人员对知识产权的创造工作给予了极大关注，尽量避免单一知识产权持有人妨碍高技术创新的发展，这一案例充分表明高技术企业知识产权创造的所有权人和联盟网络互相影响，两者相互作用影响市场结构和高技术企业的市场份额。美国学者 Coriat 和 Orsi（2002）分析了美国知识产权开发形式所发生的重要变化，知识资本以前往往被视为共有财富，现在知识资本已被视为私有知识产权开发资源，知识资本的私有化使高技术企业在知识产权开发活动中的产权关系更有利于技术创新的扩散。Monjon 和 Waelbroeck（2003）评估了从大学到高技术企业的信息流，分析并识别出了在校企合作过程中合作和纯知识溢出的贡献，通过研究发现使高技术企业获得最大收益的是模仿型知识产权开发和渐进性知识产权开发，知识产权开发能力较高的高技术企业获得的最大收益源于与高校的合作研究，而合作过程中的知识产权关系与利润分配是核心。Goldfarb 和 Henrekson（2003）揭示了高校知识产权商业化的政策，通过分析美国和瑞典的政策后发现，同样投入大量的研究与开发（research and development，R&D）资金给予大学，却形成了两种不同的商业化模式，这两种不同的商业化模式导致美国的高技术科研能力远超瑞典。美国高校之间及科研单位在研究基金方面的竞争致使学术研究与产业之

间能够自由交融。德国学者 Kollmer 和 Dowling（2004）认为知识产权创造正成为高技术企业的商业化发展战略的关键所在，有利于高技术企业利用知识产权进行高技术的转移和许可。Ryan（2010）以巴西为例，研究了巴西高技术企业在全球技术创新背景下开展专利战略联盟过程中的专利所有权的确权问题，提出了发展本国高端技术应采取的对策。

二、对高技术企业知识产权保护的研究

O'Brien 和 Smart（1992）指出知识产权专利成为欠发达国家科技生产的障碍，专利文献信息价值对欠发达国家的作用有限。Kwan 和 Lai（2003）通过研究发现，过度的知识产权保护能造成有限的社会福利损失，而缺乏知识产权保护造成的损失更为巨大。Liao 和 Wong（2009）探讨了在竞争环境下南北方国家之间知识产权保护水平的差异对本国企业产生的影响，尤其指出南方国家的企业如何运用 TRIPS 保护自身知识产权。Lichtenthaler（2009）从技术策略、专利组合策略和技术多样化三方面探讨了小、中、大型高技术企业专利应采取的不同保护方式。Zhang 等（2012）以"番茄花园"为例，探讨了信息技术行业知识产权的保护问题，结合网络本体语言（ontology web language，OWL）的研究思路提出了主体在网络行为中的侵权行为及相应的知识产权保护措施。Kausik 和 Debasis（2012）运用内生增长模型得出结论：保护知识产权可能阻碍科学知识创新的自由流动，强有力的知识产权保护可能阻碍创新。

三、对高技术企业知识产权运营和管理的研究

Joly 和 de Looze（1996）通过分析知识产权管理手段在高技术领域——生物技术领域的应用，指出低层次的高技术知识产权管理方式会导致知识产权应用效率的降低，同时致使管理成本增加，造成资源浪费。Maskus（1999）通过实证研究得出在合理的知识产权保护手段下知识产权的扩散对日本的技术进步产生了巨大的正面影响，直接促进了第二次世界大战后日本经济的崛起。Arahi（2000）以日本较为著名的跨国企业为研究对象，通过比较几家跨国企业得出这样一个结论，即对知识产权的管控越强的跨国企业，其知识产权管理体系越完善，往往融合了技术管理、信息管理、组织管理、知识资产经营管理和风险管理等内容，是一个综合动态的体系。Trajtenberg（2001）认为以色列多年的经济增长得益于高端科技进步、知识产权运营战略的定位和成功运用。Kingston（2001）认为高技术企业如果放弃知识产权管理则会给企业自身的技术创新带来极为不利的影响，同时从政策支撑、资金扶持、减免税收、专利补贴等角度提出了保障管理有效的对策。Hicks 等（2001）通过实证分析，以知识产权数据为基础，分析了美国高技术企业技术创新至今的发展趋势，从中总结出了美国高技术企业技术创新行为的改变，得出了抢占高尖端技术知识产权制高点是赢得未来市场竞争的重要影响因素的结论。Casselman 和 Samson（2007）认为有些企业对知识产权的管理认识有一定的误解，这些

企业经常过多地侧重通过专利、商标和版权等途径对已有知识产权进行保护，忽视了知识产权的真正价值，即知识产权的运营。知识产权的运营也被认为是企业经营战略的一个基础组成部分。

四、对高技术企业知识产权开发、保护、运营等环节的定量研究

Rapp 和 Rozek（1990）以美国商务部编制的专利法最低标准来衡量其他国家的专利法，这些标准包括专利检查程序的条款、保护期、强制许可、发明的范围、专利权的转让和侵权的维护。Gould 和 Gruben（1996）采用 RRI（response resource inventory，响应资源库存）指标来研究加强高技术企业知识产权保护对经济增长的影响，发现加强高技术企业知识产权保护有助于经济增长，经济增长的边际统计显著，其在较为开放的经济体中能够更有效地促进经济发展。美国学者 Park 和 Ginarte（1997）采用同样的分类方法和构建标准，但评分的方法不同。Ginarte 和 Park（1997）构建了 GPI（genuine progress indicator，真实发展指数）知识产权保护评价指标，他们发现人均 GDP、R&D 占 GDP 的百分比、人力资本水平与知识产权保护的力度正相关。Yang 和 Maskus（2001）研究表明，对于纺织服务业等低技术产业而言，产业的投资和收益与知识产权保护力度的相关性不大，然而对于医药、化工等高技术企业，产业的投资和收益与知识产权保护力度密切相关。Kanwar 和 Evenson（2009）运用面板数据模型（the panel data model）分析了44 个国家科技发展对知识产权保护产生的影响，得出为了更快提升本国的科技实力，发展中国家应采取比发达国家较弱的知识产权保护策略。Awokuse 和 Yin（2010）研究了双边贸易过程中发展中国家的知识产权保护问题，运用多边阻力重力方程（gravity equations with multilateral resistance）分析了知识产权保护强度对国家 GDP 的影响，得出了知识产权保护有利于市场扩张的结论。Link 和 Siegel（2006）应用随机前沿生产函数的方法对科技成果转化效率进行分析。Chen 和 Puttitanun（2005）以发展中国家为研究对象，选取相应面板数据进行实证分析，结果表明知识产权保护对高技术产业技术革新率的影响呈现非线性相关，知识产权保护对技术革新的影响与国家的科研环境相关。Nieto 和 Quevedo（2005）运用多元回归分析的方法分析了科技活动人员的创造力在企业科技成果转化过程中的重要作用。此外，还有学者采用融合了本行业特点的专利指标去测度专利价值或衡量专利绩效（Campi and Nuvolari，2015）。

五、对知识产权协同的研究

随着企业间合作交流的日益频繁，基于协同理论视角下的知识产权管理研究受到国外学者的关注，相关研究多聚焦在知识产权管理系统结构，知识产权开发、保护、运营等管理子系统及子系统间的协同方面。

（1）国外学者基于综合考虑系统性和体系框架的思路对知识产权管理系统的结构进行多样化的剖析，如 Curdy 和 Phelps（2002）从系统性的视角将知识产权管理系统分为

知识产权保护、知识产权获取、知识产权利用和知识产权许可等子系统；Narayanan（2000）将知识产权管理系统分为知识产权市场经营、知识产权创新和知识产权保护等管理系统；Pitkethly（2001）将知识产权管理系统分为内在部门交互作用的内部知识产权管理系统和外部企业间交互作用的外部知识产权管理系统等。Xu（2004）从体系框架的视角分析，认为知识产权管理系统包括国家、地区、行业和企业知识产权战略等方面；Arahi（2000）认为知识产权战略系统由专利战略、商标战略、版权战略、技术融合战略、信息战略、知识资产经营战略和诉讼与风险管理战略等构成要素组成。

（2）知识产权管理子系统及其协同的相关研究。通过现有研究文献发现，国外学者对知识产权管理子系统的研究主要表现在知识产权开发管理子系统的驱动因素、作用对象；知识产权保护管理子系统的制度建设及策略；知识产权运营管理子系统的绩效评价、影响因素。相关文献较少涉及知识产权协同子系统的研究，但也有学者从合作专利质量及数量方面对知识产权管理系统的运行效力和效率进行分析，来阐述知识产权管理系统的协同情况（Zhang et al.，2012）。

六、对开放式知识产权管理的研究

自哈佛商学院的教授 Chesbrough（2006）提出"开放式创新"的概念以来，相关学者围绕开放式创新展开了广泛研究，由于知识产权同创新活动的密切联系，关于开放式知识产权的研究也逐步兴起。Hu 和 Mathews（2005）等学者以东亚五国知识产权保护力度为研究对象，经过实证分析发现知识产权保护对国家创新能力有负向影响。Palfrey（2012）认为，在全球信息化背景下，企业应特别重视知识产权管理的开放性而不是独占性。Kausik 和 Debasis（2012）运用内生增长模型得出结论：知识产权保护可能影响科学知识的自由流动，强有力的知识产权保护可能阻碍创新。Harison 和 Cowan（2004）以软件行业为例，探究了开放式知识产权对企业技术创新活动和利润的影响，认为相比知识产权的绝对独占，一定程度的知识产权开放可使软件发行者和软件解决方案提供者的成本下降。从上述文献可见，理想的知识产权管理并不意味着封闭和防御，而是建立在合作基础上的开放式知识产权管理，特别是对于高技术企业而言，开放式知识产权管理对推动技术创新有明显的促进作用。

第二节 国内研究动态

中国对知识产权的研究是在加入 WIPO 以后开始的，并且大多数研究工作从法律纠纷和贸易争端着手。随着高技术企业的发展和世界各国对高尖端科技的重视，越来越多的学者开始对知识产权战略开展研究。

一、基于法律法规视角对知识产权的研究

知识产权源于法律概念，中国知识产权法律制度自建立至今已有30多年的历史，相关法规也在不断完善的过程中，但仍有不完善的方面需要更正和补充。陈丽（2002）针对中国入世与TRIPS对中国的影响及对策做了分析。萧延高和范晓波（2010）等学者从法律的角度对知识产权的法理情况和国际通则进行了概述，论述了著作权、专利权、商标权和商业秘密的法律关系及其取得、运用与保护的方法，分专题讨论了知识产权管理的策略，如技术创新中的知识产权风险识别与控制策略、知识产权商业化策略和知识产权诉讼策略等，并对国际贸易中涉及的知识产权法律问题做了理论性的分析。大量法学视角的专著和论文随后涌现，它们都针对知识产权的基本理论和具体实践问题进行了细致地分析与阐述。王晓云和唐子艳（2009）从知识产权的价值出发探讨了知识产权滥用的含义、根源与表现，论述了国家及相关部门应对知识产权滥用进行有效的限制，并在借鉴其他国家的经验及实践的基础上就中国应如何防止知识产权滥用问题提出了建议。

二、对知识产权与高技术创新关系的研究

陈美章（1999）指出健全的知识产权制度与企业技术创新有着密切的内在联系，企业知识产权制度随着技术创新的整个周期而不断完善，同时企业技术创新的发展也依赖知识产权制度的激励、保护、引导和加速。吴国平（1999）提出知识产权专利制度是一种国际上通行的、利用法律和经济手段来推动技术进步的有效手段，他从专利制度的专有属性出发，拟从专利制度与知识产权创新的结合中寻求一种动态的机制。郭庆存（1999）认为在实施知识产权战略时要充分重视专利战略，力求二者有机地结合起来，专利战略在实施的过程中能够将企业的技术创新能力转化成竞争优势。在专利战略与技术创新的结合上，学者王彤和董惠石（2000）认为技术创新应与知识产权保护相结合，并阐述了技术创新和知识产权保护之间的作用关系。袁明等（2000）指出专利战略已成为发展高新技术产业不可缺少的战略，尤其面对中国入世和知识经济时代的冲击，专利战略将发挥更加重要的作用。冯晓青（2001）从理论上研究了在企业知识产权开发过程中专利战略的应用问题，认为企业必须从战略的视角审视专利技术研发问题，他认为专利战略应贯穿知识产权生产的各个阶段，包括计划制订、计划实施和研发成果完成阶段等。周寄中和徐倩云（2002）分析了中国知识产权制度的形成与知识产权生产的沿革之间的关系，提出专利制度既是中国参与市场竞争的重要武器，又是维护市场公平的重要机制，很多国家已将专利战略的法律层面提升到国家发展战略的高度。王闻萍（2008）对知识产权与核心竞争力的相关性进行了探索，得出企业自主知识产权可以成为企业核心竞争力的结论。杨皎平等（2009）通过建立创新型企业和模仿型企业在双寡头市场上的竞争模型，分析了知识产权保护对两类企业在产量与利润上的影响，指出了采取知识产权保护策略对两类企业的重要性。

三、对企业知识产权保护的相关研究

夏先良（2000）对世界发达国家的知识产权保护制度和中国入世后的谈判模型进行了分析，通过分析认为 TRIPS 会更好地保护发达国家在高尖端领域的垄断地位。邹薇（2002）运用理论模型分析了知识产权创新、贸易、TRIPS 的经济成本，针对中国高技术企业知识产权贸易争端日益突出的现实问题，从知识产权创新者和知识产权模仿者的角度提供了理论分析框架。郑秉秀（2002）就知识产权壁垒和知识产权制度及激励机制等领域进行了研究，分别对发达国家和欠发达国家施行知识产权保护的效果进行了分析。周寄中和徐倩云（2002）深入研究了知识产权和技术创新的联系，从专利保护的角度研究了专利保护对企业发展和社会收益的影响。刘华（2004）从知识产权法律制度角度入手研究如何构造协调一致的战略系统，提高知识产权制度对企业的保护能力。许和连和柴江艺（2010）通过构建概率单位模型，考察了外商直接投资、国际贸易、技术许可等国际化行为对企业知识产权保护的影响，结果表明，企业参与国际贸易、技术许可等行为能提高企业进行知识产权保护的概率。刘春（2010）根据企业的具体需要，把知识产权分为三类并形成不同的知识产权保护模式，在此基础上构建了知识产权管理体系。马虎兆等（2010）以天津市高技术企业知识产权状况为例，应用多元化的数据实证分析法分析了天津市高技术企业在知识产权开发、运用、管理及人才培养等方面存在的不足。杨涛（2010）深入分析了知识产权制度运作所产生的衔接不流畅、标准不统一和程序不一致等问题，提出了行政执法与司法保护应有机结合的问题。

四、对企业知识产权战略的研究

徐雨森（2003）从培育工业企业核心技术能力、核心市场竞争能力和核心组织能力三个层次论述知识产权战略对提高企业核心竞争力的重要作用。冯晓青（2005）认为企业应该灵活运用知识产权法规，将知识产权法规和企业具体经营活动有机结合起来，将企业知识产权战略分为企业专利战略、商标战略和商业秘密战略，并给出了它们的基本原理和具体措施，并综合运用经济学、管理学和法学等相关理论，探讨了我国企业实施知识产权战略工程的基本原则、方法及经营策略，给出了国内外企业知识产权战略的成功案例。吕文举（2006）对跨国企业知识产权战略进行了研究，结合案例从商标战略、所有权战略等方面研究跨国企业对中国知识产权的种种制约，指出当今知识产权战略已成为企业之间竞争的重要武器，中国也应及时实施知识产权战略，从国家层面、行业层面、企业层面等多角度综合立体推进，在国际竞争中充分利用知识产权的相关规则，提高企业自身的整体竞争力。胡允银和邓艺（2010）对地区知识产权形象进行了研究，界定了地区知识产权评价主体与客体，根据模糊数学理论构建了评价指标体系，指出科学地评价地区知识产权形象是设计和塑造地区知识产权形象的前提与基础。郭永辉和郭会梅（2010）对合作创新中的知识产权扩散与保护展开了

相关研究，分析了专有型知识产权和合作型知识产权的关系。华荷锋（2010）根据企业生命周期理论对企业初创期、成长期、成熟期和衰退期的融资特征进行了分析，并结合知识产权融资方式设计出四阶段的知识产权融资策略，以此来引导企业开展知识产权资本化运作。

五、对企业知识产权运营的研究

万小丽（2009）针对知识产权战略实施绩效评估过程中专利指标确立的问题，运用"纵向"拉开档次评价法，以专利申请量、专利授权量等为专利数量指标，以专利授权率、职务发明专利比例等为专利质量指标建立了知识产权专利评价指标，并通过实证检验验证了专利质量指标对知识产权战略实施绩效评估结果的重要作用。杨晨和孙旋（2011）将区域知识产权战略实施绩效结构划分为过程绩效模块和结果绩效模块：知识产权创造、运用、保护及管理为过程绩效，知识产权战略目标完成、区域知识产权事业发展为结果绩效，而后对两个模块的关联性进行了分析，在此基础上运用结构-行为-绩效（structure-conduct-performance，SCP）分析框架建立了区域知识产权战略实施绩效评价指标体系。

六、关于知识产权管理绩效的研究

关于知识产权管理绩效的研究国内起步较晚，但取得了丰硕成果，研究方向也从质化分析知识产权管理的重要性向构建相关评价指标、实证分析管理绩效转变。黎运智和孟奇勋（2008）、郭民生（2009）等均对我国知识产权管理绩效的评价方法进行了积极探索，影响最大的莫过于王正志领衔的课题组自 2009 年起，每年均推出《中国知识产权指数报告》，采用知识产权产出水平、知识产权流动水平、知识产权综合绩效、知识产权创造潜力等四个相关指标对中国知识产权管理绩效和发展水平进行测度与评价。唐杰和周勇涛（2009）根据信度、效度优先的原则和知识产权活动过程的特点，从知识产权的创造、运用、保护和管理四个层面构建了企业知识产权战略管理绩效评价指标体系，同时运用结构模型、聚类分析等方法设计了评价模型。李潭和陈伟（2013）利用灰色统计分析方法对知识产权管理绩效进行评价，认为知识产权所能带来的收益大小是影响企业知识产权经营绩效的最重要因素，企业知识产权绩效与知识产权战略实施、知识产权贡献率、知识产权授权收益率、知识产权信息管理系统建设和知识产权处罚机制之间存在双向因果关系。孟晓非（2014）运用典型关联分析（canonical correlation analysis，CCA）方法对我国知识产权管理绩效的影响因素进行了实证分析，认为影响中国知识产权管理绩效的主要因素为国内发明专利、实用新型专利的管理，而研究与开发投入是影响知识产权发展水平的重要影响因素。

第三节　国内外研究动态评述

从国内外的研究动态可以发现，国内外学者从法律法规角度上对知识产权制度做了比较全面、透彻的研究；从企业视角出发，关于知识产权保护、知识产权制度、知识产权制度与技术创新的关系等方面的研究也相对较多。现存的文献和相关研究为企业进行知识产权管理与实施知识产权战略提供了依据及基础，但相关研究也存在不足之处。

一、相关研究成果范围宽泛，缺乏针对性

就现有成果来看，多数成果的研究主体为企业，而企业可按不同行业分类，不同类型的企业具有不同特性，对企业知识产权的研究也应该有所针对。作为知识经济时代的代表，高技术企业有着重要的战略地位，高技术企业的知识产权工作更应该做好，然而关于高技术企业知识产权的相关研究成果十分有限，因此，对高技术企业知识产权管理系统的研究亟须开展。

二、研究边界较局限

通过整理相关文献可以发现，关于知识产权研究的主体内容主要局限在知识产权中的专利权、商标权等，并且研究重点多聚焦在知识产权的保护上，对知识产权的开发、运营、后续管理和各部分间的作用关系等内容鲜有研究。特别地，基于组织间开放、合作日趋紧密的背景，相关研究不符合企业实际需求。

三、研究成果的理论意义大于实际意义

随着知识经济的到来，知识产权也越来越得到国内外学者的关注，他们都逐渐意识到知识产权战略在当今国际市场竞争中的重要性，然而现有的研究多集中在知识产权管理的宏观层面，只是给相关政策的制定提供了指示性的作用，并没有系统研究高技术企业知识产权战略的构建，缺乏操作性。

四、关于知识产权协同的研究成果缺失

根据文献梳理，学者们多聚焦于知识产权管理的传统三大领域，即知识产权开发、知识产权保护及知识产权运营，传统知识产权管理体系有其试用范围和特定的时代背景。但就全球协同创新及创新要素跨空间流动的实际需求来看，以往重保护轻合作、重机密轻协同的知识产权管理模式和技术创新模式已无法适应企业，特别是高技术企业技术研

发的需求。对于高技术企业而言，其高投入、高风险和高产出的特征决定了重大技术开发活动需要多种参与主体共同合作，从而实现技术创新资源的优化配置。

　　知识经济时代提升了知识产权的地位，国家的竞争要求我们着重发展高技术企业。在这样的背景下，研究高技术企业的特性，结合实际情况从知识产权开发、知识产权保护、知识产权运营、知识产权协同四个维度构建高技术企业开放式知识产权管理系统，保护中国高尖端技术，意义重大。

第二篇　高技术企业开放式知识产权管理系统理论框架

第三章　高技术企业开放式知识产权管理现状及启示

第一节　高技术企业开放式知识产权管理内涵及外延

一、高技术企业含义及特征

高技术企业的含义属于历史和时间的范畴，不同时期内对高技术企业的界定是不同的。世界范围内，学者普遍认为高技术企业是以目前最先进的技术为基础的具有知识密集、人才密集、资金密集等特征的现代企业（刘雪凤等，2011）。我国对于高技术企业的定义也较为明确，它是指"在《国家重点支持的高新技术领域》内，持续进行研究开发与技术成果转化，形成企业核心自主知识产权，并以此为基础开展经营活动，在中国境内（不包括港、澳、台地区）注册一年以上的居民企业"[①]。它是知识密集、技术密集的经济实体（杨水旸，2008）。

相比较传统企业，高技术企业具有以下四个鲜明特征。

（一）知识密集度高

高技术企业生产的产品比传统企业生产的产品涉及面广、工艺更复杂，知识密集度极高。以微电子技术为例，一块普通芯片往往集成上百万个电子元件，涉及物理学、电子学、光学、机械学、化工学等学科。

（二）高风险、高投入、高产出

高技术企业具有高知识密集的特点，高度的知识投入、高度的专业人才投入将会带来高产出和高回报；高技术企业的产品无论在性能上还是在功能上，都能够更好地满足用户的需求，因而会带来更高的附加值；同时由于高技术企业投入大、风险较高，其产品价值必然包括风险价值。

---

① 资料来源:《高新技术企业认定管理办法》。

（三）具有较强的竞争能力

高技术企业在开展知识产权相关的研究、开发、保护、生产和销售等活动中，在国内和国际两个市场上都具有很强的竞争能力。另外高技术不可能在本土封闭的环境中生产和运营，高技术企业只有通过广泛的国际交流与合作，才能在技术上不断突破，紧跟国际前沿，使自己的产品符合变化的市场需求。

（四）在国家中占有重要战略地位

一国高技术企业的发展情况对该国的科技、经济及综合国力都会产生深刻的影响，高技术企业能否在国际市场中占有重要地位也直接影响国家在世界科技竞争中的地位。高技术产业也被视为一国的战略型产业，关乎国家的重要利益。

相比较传统企业，高技术企业具有三个鲜明特点：一是高智力投入，高技术企业中高素质技术研发人员和管理人员占总员工的比例较传统企业高；二是高技术企业具有高投资、高产出、高利润特点；三是高技术产品易复制、仿造，且成本低廉，因此造成高技术企业普遍高风险。以上三个特点成为侵权者对高技术企业的知识产权进行侵权的根本动力（申联滨，2008）。

高技术企业的资质需要经由相关部门审核和评定，是一种实用性价值极高的战略性资质。依据科学技术部、财政部和国家税务总局新修订的《高新技术企业认定管理办法》和《高新技术企业认定管理工作指引》，高技术企业在相应政策和财税方面均得到支持。

高技术企业认定的价值具体体现在如下四方面。

（1）税收减免优惠：经认定的高技术企业，企业所得税从原来的25%，减为按15%的税率征收。

（2）企业发展需要：高技术企业的认定，有助于企业提升自身企业品牌形象，增强企业在国际化环境中的竞争力，有利于企业开拓市场，可见，认定显得越发重要。

（3）提高企业创新能力：高技术企业的认定，有助于企业的研发再投入，提升企业自主创新能力，提高企业竞争的门槛，对企业自我发展能力的培养和凝聚有深远意义。

（4）享受更多政策优惠：国家在很多优惠政策上向高技术企业倾斜，可以为企业今后申报政府其他科技优惠政策项目提供有力的证明资质。

二、高技术企业知识产权管理及开放式知识产权管理

（一）高技术企业知识产权管理含义

管理是指组织对其掌握范围内的资源进行有效地计划、组织、协调和控制等行为，进而达到既定目标的过程。在高技术产业中，高技术企业以专利、商标、版权、商业秘密等形式的知识产权为知识资源，在企业战略的指导下，企业对这些知识资源的转移、

增殖进程进行规划，通过对知识资源开发、知识资源保护及知识资源运营的管理，实现知识密集型制造业中各种知识资源增殖和经济社会效益提升的目的（张永超，2013）。

高技术企业的三个鲜明特点对企业内部的知识产权开发、保护和运营环节提出了非常高的要求，高技术企业需要更科学、严谨、系统地进行知识产权管理工作，有必要对高技术企业知识产权进行战略管理。学者普遍认为知识产权管理是运用知识产权制度和知识产权资源，为获取竞争优势而进行的总体性谋划和管理（吴伟容和王召，2011）。

本书认为，高技术企业知识产权管理就是以高技术企业为对象，以知识产权制度为基础，健全和完善自身知识管理，激励知识产权开发、知识产权保护和知识产权运营，提高知识创新能力和国际竞争力，推动高技术企业持续发展的行动方案的制定及相关政策的实施。

（二）高技术企业开放式知识产权管理含义

开放式知识产权管理不仅反映了知识产权生成途径的转变，还反映了知识产权利用和管理方式的变革。从受严格保护的对象到可交换、分享的商品或资源，知识产权成为创新的关键因素，它有助于特定产业中技术市场的出现，可以减少技术市场交易费用，是技术交易的必要促进者；它被看作能给现有商业模式带来附加收益的一种新型资产，并且指明进入新的商业模式的方向，可以选择性地流入或流出企业，甚至可以被公开或捐赠（张永成和郝冬冬，2016）。有别于传统的高技术企业知识产权管理，开放式知识产权管理更侧重于组织的合作与协同管理，强调在风险分担、成果共享、互惠互利的框架内，在知识产权活动的多个维度中发挥各自在信息、知识、资源方面的优势，实现知识产权创造、技术创新效率的最大化。

三、开放式知识产权管理特征

开放式知识产权管理除了具备传统知识产权管理的基本特征以外，还具有以下特征。

（一）所处环境复杂性

传统知识产权管理侧重于相关知识产权资源的组织内部组合运用，相比较而言受到外部环境的冲击和影响较小，知识产权管理活动的内容也较为单一、可控。而开放式知识产权管理不仅需要重视组织内部的知识产权行为，还要协调组织间的知识、技术，相关产权的共享、交互及买卖，所面临的知识产权环境也相对复杂。

（二）战略目标长期性

对于中短期知识产权战略目标，企业往往有条件仅依赖组织自身资源完成全部知识产权活动，而开放式知识产权管理更符合企业长期知识产权战略的需求，通过相关技术、知识、人员的有效整合，以及协作各方利益的均衡与矛盾的化解，参与各方凭借知识产权合力更可能实现知识产权战略长期目标。

（三）组织相容性

开放式知识产权管理需要在合理的框架内提升组织的开放程度和包容程度，只有树立和形成分享、合作的企业文化，提高企业的相容性，才能在处理各方矛盾及误解时提出具有包容性的方案，真正实现知识产权管理的开放性。

（四）协作互惠性

开放式知识产权管理的宗旨在于互惠互利，突破组织内部资源的限制，提升知识产权活动的效率，其本质具有较强的互惠性，这也是企业从事开放式知识产权管理的动力来源。

第二节　国内高技术企业开放式知识产权管理现状及启示

一、国家知识产权战略视野层面下高技术企业开放式知识产权管理现状

随着改革开放和国际贸易往来的不断加深，中国逐步制定和完善了知识产权相关法律规范，知识产权基本法律制度体系也初步完成。虽然相比较西方发达国家，中国知识产权战略的研究起步较晚，但整体而言一直处于高速发展的状态，《中华人民共和国商标法》（简称《商标法》）、《中华人民共和国专利法》和《中华人民共和国反不正当竞争法》等法律的相继实施为中国高技术企业进行知识产权管理提供了先决条件，对推进高技术企业知识产权的保护和运用提供了良好的制度环境。入世之后中国积极履行 TRIPS 的相关内容，不断完善已有的法律规章制度，从而与国际知识产权大环境相适应，中国《国家知识产权战略纲要》也已经确立，其战略目标是"到 2020 年，把我国建设成为知识产权创造、运用、保护和管理水平较高的国家。知识产权法治环境进一步完善，市场主体创造、运用、保护和管理知识产权的能力显著增强，知识产权意识深入人心，自主知识产权的水平和拥有量能够有效支撑创新型国家建设，知识产权制度对经济发展、文化繁荣和社会建设的促进作用充分显现"。中国进入"十一五"时期更加注重高技术企业的发展，高技术产业规模已处于世界第三位，高技术产品出口总额已跃身世界第二位，截至 2015 年，中国高技术产业主营业务收入突破十三万亿元，其中内资企业主营业务收入在全国的占比首次过半，达 51.0%[①]，针对高技术企业知识产权管理的需要，中国先后

---

① 资料来源：来自中华人民共和国科学技术部《中国高技术产业发展状况分析》。

在政策上和立法上出台文件，指导扶植高技术企业的发展，如"863 计划"、《国家高技术产业发展项目管理暂行办法》等。在"十二五"期间，中国更加注重高技术企业在加快新型工业化进程、建设创新型国家等重要任务中的作用，从多角度、多层面创造有利于企业发展的知识产权环境，高技术企业研发投入、知识产权保护、自主创新能力建设、重点产业发展等相关政策不断出台；积极实施知识产权战略，完善知识产权法律制度，加强知识产权开发、运营、保护和管理。

二、企业层面高技术企业开放式知识产权管理现状

由于国际知识产权大环境的不断变化，市场竞争压力与日俱增，中国高技术企业知识产权管理工作日趋完善和成熟，也取得了一定的成果和新的突破。中国高技术企业以科研开发促进企业科技创新、以技术开发和创造获取自主知识产权、以自主知识产权提高企业自身竞争力的良性循环机制正逐步形成，越来越多的高技术企业把研发投入、提高核心竞争力和企业知识产权战略作为企业首要的发展战略（王可达，2008）。同时，中国高技术企业整体的商标、专利、实用新型等知识产权的申请量和授权量在不断增加，职务性专利申请和归属法人的专利申请数量也在与日俱增，有些规模较大的高技术企业已经通过有效的知识产权管理手段（温国明，2008），成功地对自身知识产权进行战略化经营，取得了一定的成绩。但是整体而言，中国高技术企业缺乏系统的知识产权管理思想，这往往相对重视某一特定的知识产权管理环节，忽视了对其他层面知识产权的有效管理，更有大量的高技术企业不重视知识产权战略，没有将知识产权的管理上升到战略的高度。

从企业层面上看，判断一个高技术企业是否有效地实施了知识产权管理，应从四个维度来衡量：一是取得和拥有的知识产权成果；二是企业本身知识产权保护的有效性；三是知识产权成果的"产业化"程度；四是组织间知识产权的协同程度。概括起来，这四个维度就是知识产权开发、知识产权保护、知识产权运营及知识产权协同，本书分别从上述四个维度总结国内高技术企业开放式知识产权管理现状。

（一）高技术企业知识产权开发现状

知识产权开发主要体现了对知识产权人力和财力的投入，因此知识产权开发管理是顺利进行知识产权管理活动的前提和初始步骤，也是知识产权产出的源头和基础。随着中国知识产权法律制度的不断完善，在日趋复杂的市场供求压力的驱动下，许多实力较强的高技术企业都大幅加强了知识产权的开发强度，为知识的开发和创造提供了充足的物质保证，特别针对发明、实用新型、外观设计等专利的申请和授权开展了专利情报战略，有效地节约了知识产权开发经费，提高了 R&D 经费的使用效率。

如图 3.1 所示，2016 年全年大中型高技术企业 R&D 内部经费支出总额已达到 24 376 050.3 万元，占全国规模以上工业企业实现利润总额的比重为 3.54%，是 2000 年 R&D 内部经费支出总额的 21.95 倍。中国在科技研发投入上的力度不断增强，从 2013

年开始呈迅猛增长之势，但距离美国、欧盟等知识产权实体还是存在明显差距。下面仍以 R&D 经费投入总额为例，参照日本文部科学省 2017 年发布的科学技术要览，部分国家、地区的企业 R&D 经费投入强度对比如图 3.2 所示。

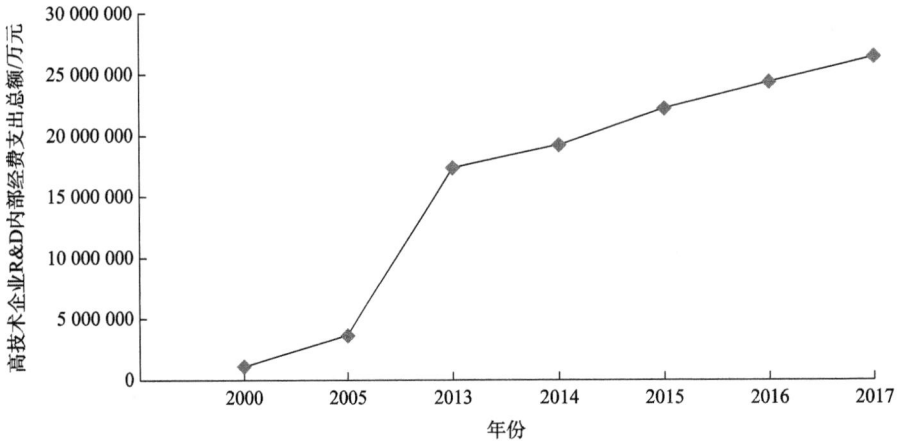

图 3.1 中国大中型高技术企业 R&D 内部经费支出情况

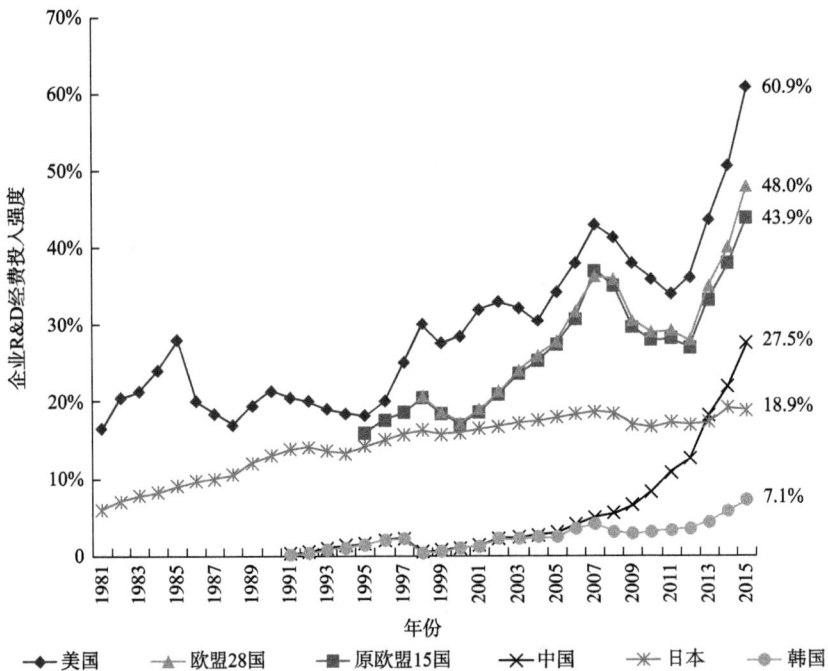

图 3.2 部分国家、地区的企业 R&D 经费投入强度对比

R&D 内部经费支出情况可以很好地反映出 R&D 经费投入强度，能衡量一个国家（地区）或一个企业对科技和创新的投入力度，是国际社会广泛使用的科技指标，世界各国普遍将其作为创新战略规划中的核心指标。R&D 经费投入强度具体分为全社会 R&D 经费投入强度和企业 R&D 经费投入强度。对一个国家或地区来讲，存在以下关系式。

$$全社会R\&D经费投入强度 = \frac{R\&D经费内部支出}{地区生产总值} \times 100\% \qquad (3.1)$$

$$企业R\&D经费投入强度 = \frac{R\&D经费内部支出}{主营业务收入} \times 100\% \qquad (3.2)$$

全社会 R&D 经费投入强度可以反映一个国家（地区）科技发展水平及其与经济发展的关系，是评价一个国家（地区）经济增长方式的重要指标。企业 R&D 经费投入强度是反映企业创新能力的指标之一。根据经济合作与发展组织（Organization for Economic Co-operation and Development，OECD）标准，企业 R&D 经费投入强度超过 4%，表示企业创新能力较强；企业 R&D 经费投入强度在 1%~4%，表示企业创新能力中等；企业 R&D 经费投入强度小于 1%，表示企业创新能力较弱。

结合图 3.1 和图 3.2 可以看出，中国企业 R&D 经费投入绝对数可以简单地以 2013 年作为时间截点，2013 年以前，虽然相关科研投入的绝对数逐渐增长，但是结合其他发达国家的数据来看，中国企业 R&D 经费投入相对数并没有任何增加，甚至在个别年度或时点还有所降低。根据数据（胡溢文，2012）显示，2010 年中国高技术企业 R&D 经费投入强度只有 1.5%，而美国是 16.9%，日本为 10.9%。发达国家经验表明，研发经费投入达到其销售总收入的 4%以上的企业才有较强的竞争力，小于 2%的企业很难在国际竞争中生存，达到 1%才能维持企业的基本生存。这样的结果表明各国对知识产权开发都相当重视，中国高技术企业知识产权开发工作要充分考虑到国际形势的发展和变化，不能目光短浅，停留在眼前的成绩，应以战略的高度来对待，只有这样，才能在激烈的国际竞争中求得生存，才能跟上发达国家前进的步伐。

根据 2018 年《中国高技术产业统计年鉴》提供的资料，2017 年中国高技术企业专利申请量达到 158 354 件，2012 年～2017 年中国高技术企业专利申请数如图 3.3 所示。

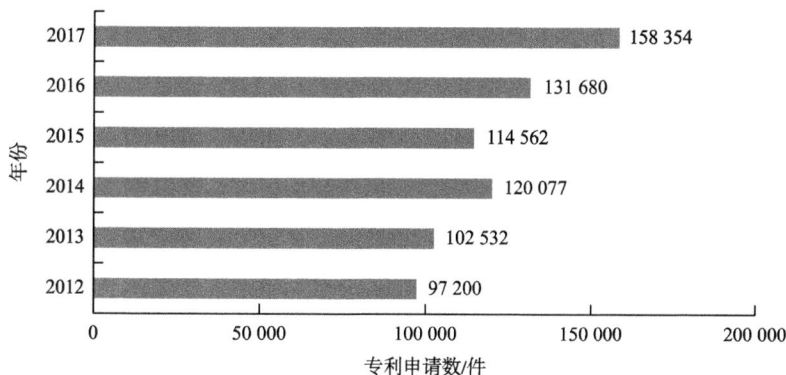

图 3.3　2012~2017 年中国高技术企业专利申请数

中国高技术企业专利申请总量中实用新型专利数量最多，其次是外观设计专利，两者占了专利申请总量的绝大部分，而代表着核心技术的发明专利数量极少，具体申请数量如图 3.4 所示。

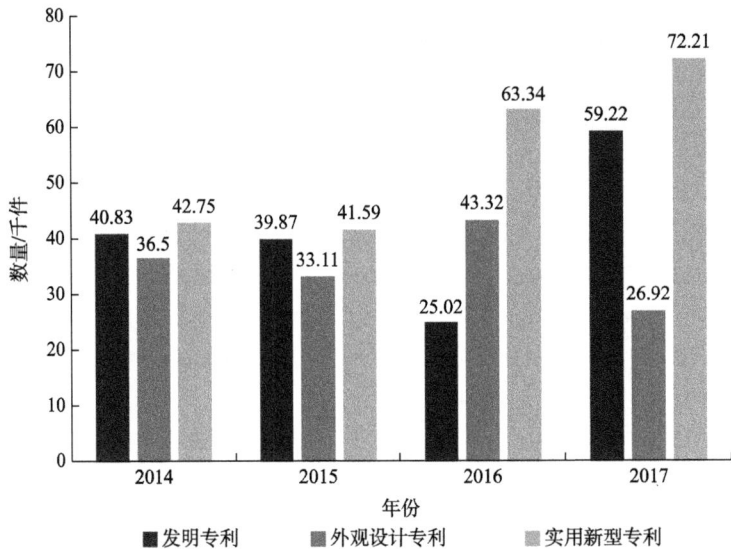

图 3.4　中国高技术企业专利申请结构图

（二）高技术企业知识产权保护现状

以往高技术企业大多注重能够迅速产生经济价值的成果，往往忽视了对有价值的科研成果的确权保护，同时常以发表论文的形式将商业秘密公开，这样做往往严重损害了自身利益，削弱了自身竞争实力，将辛苦得到的研究成果无私贡献给了其他机构和部门。随着先进科学技术和知识在世界范围内的扩散与转移，中国高技术企业已经逐步意识到从企业内部完善知识产权保护制度和管理方式的重要性。国内先进的高技术企业已经普遍建立了信息资源搜索机制来对自身知识产权进行有效保护。这些高技术企业在新产品或工艺设想的产生、引进、研究、开发到扩散、保护的全过程中，都已配有专门部门去检索各种技术文献，包括专利技术和非专利技术，同时有针对性地研究该技术最新进展情况，充分发掘该技术的工艺流程和制造手段，对迫切需要购买的专利技术进行评价分析，明确所引进的技术在未来市场运作过程中的主攻方向，提前制定好该项技术的知识产权保护策略和方针（戴颖杰，2005）。另外，知名高技术企业也不断地通过实施品牌战略、多元化战略及国际化战略等完善自身的知识产权保护战略，以哈药集团有限公司（简称哈药集团）为例，哈药集团已经深刻认识到研究制定和实施知识产权保护战略的重要性。在黑龙江省知识产权局的大力帮助下，哈药集团承担了国家级知识产权研究项目并建立了专利数据库。为加强知识产权管理，有效保护自主知识产权，哈药集团结合公司实际，由该公司科技开发部组织制定和修订了《哈药集团有限公司知识产权管理办法》《哈药集团有限公司专利工作管理规定》《哈药集团促进技术创新知识产权试点工作方案》等多项管理制度，同时建立知识产权工作考核制度，并按省市有关政府部门的规定，将知识产权内容列为职称评定工作中的考核项目。哈药集团下属各企业也根据自身的实际情况，分别制定了相关的管理制度来组织协调企业的知识产权工作。同时，哈药集团从培训教育工作入手，努力营造知识产权保护氛围，对知识产权管理人员和企业员工进行知识产权方面的培训。一是每年组织专利管理人员参加国家知识产权局、省市知识产权局等组织的各种业务培训。二是举办知识产权讲座、培训班，先后邀请市知识产权局、知识产权服务中心的领导前来公司为科技人员进行专题培训，每年参训人员 600 人左右，此类知识产权专题培训已被列入职工再教育计划中，通过这种学习方式，极大地加强了相关人员对知识产权的认识、理解和驾驭能力，迅速提升了知识产权管理人员的业务水平，为公司营造了良好的知识产权保护氛围。本书从国内三种专利申请数和国内三种专利授权数两方面来描述我国高技术企业知识产权保护现状，如表 3.1 所示。

表 3.1　我国高技术企业知识产权保护现状

年份	国内三种专利申请数/件			国内三种专利授权数/件		
	发明	实用新型	外观设计	发明	实用新型	外观设计
2006	122 318	159 997	188 027	25 077	106 312	92 471
2007	153 060	179 999	253 439	31 945	148 391	121 296
2008	194 579	223 945	298 620	46 590	175 169	130 647
2009	229 096	308 861	339 654	65 391	202 113	234 282
2010	293 066	407 238	409 124	79 767	342 256	318 597
2011	415 829	581 303	507 538	112 347	405 086	366 428
2012	535 313	734 437	642 401	143 847	566 750	452 629
2013	704 936	885 226	644 398	143 535	686 208	398 670
2014	801 135	861 053	548 428	162 680	699 971	346 751
2015	968 251	1 119 714	551 481	263 436	868 734	464 807
2016	1 204 981	1 468 295	631 949	302 136	897 035	429 710
2017	1 245 709	1 679 807	610 817	326 970	967 416	426 442

资料来源：中国统计年鉴

我国高技术企业知识产权保护现状可以从专利申请数和专利授权数来侧面反映。如表 3.1 所示，我国专利申请数从 2006 年的 470 342 件增长到 2017 年的 3 536 333 件，整体呈现平稳增长的态势。从三种专利申请数上看，发明和实用新型较外观设计增长较快，表明随着我国知识产权保护制度和保护机制的健全，核心知识产权的培养取得了良好的效果，越来越多的创新主体选择原发专利的申请。在专利授权数上，2006 年为 223 860 件，2017 年为 1 720 828 件。通过专利申请数和专利授权数的横向比较可以看出，我国专利授权数整体增速较快，特别自 2013 年以来，发明、实用新型和外观设计的授权数持续快速增长，说明我国技术创新环境正趋于完善，科技创新能力正在不断增强，知识产权保护立法和相应的知识产权战略正在发挥重要作用。

进一步横向对比我国各省、区、市（不包括西藏、香港、澳门和台湾）高技术企业知识产权保护现状的差异，同样以 2013 年数据作为基础排序数据，将表示知识产权保护三个指标数据之和作为排序依据，得到我国各省、区、市（不包括西藏、香港、澳门和台湾）高技术企业知识产权保护现状柱形图，其中因版权合同登记量的数量级相对较低，本书将其数据生成次坐标轴，见图 3.5。另外，将我国各省、区、市驰名商标量生成柱形对比图，如图 3.6 所示。由图 3.5 和图 3.6 可知，江苏、广东、浙江、山东、北京、上海等东部地区在专利授权量、商标注册件数、版权合同登记量和驰名商标量等指标上处于靠前位置，其次为安徽、河南等中部地区，最为靠后的是甘肃、内蒙古、宁夏、青海等西部欠发达地区。同时根据柱形图的各指标所代表数据量高度来看，东、中、西部地区的知识产权保护活动发展不均衡。将江苏、河南和新疆三个省区分别视为东、中、西部的三个代表省区，对比我国不同区域知识产权保护活动的差距，发现江苏在专利授权量、商标注册件数和版权合同登记量三个指标上比河南分别高出 7.13、1.04 和 6.81 倍，江苏的驰名商标量比河南高出 7.6 倍；河南在专利授权量、商标注册件数和版权合同登记量上则比新疆分别高出 4.9、2.35、19 倍，河南的驰名商标量则比新疆高出 4 倍；江苏在专利授权量、商标注册件数及版权合同登记量上比新疆分别高出 34.94、2.44 和 132.45 倍，三项指标差距最大的为版权合同登记量，其次为专利授权量和商标注册件数，江苏拥有的驰名商标量则比新疆高出 30 倍之多。上述数据分析表明，我国高技术企业知识产权保护活动在区域上呈现失衡状态，这与我国区域产业结构、经济发展区域差异是对应的，如何从知识产权保护视角促进经济结构优化、保持经济持续增长、加强区域经济协同发展是未来政府政策制定和实施的重点考虑方向。

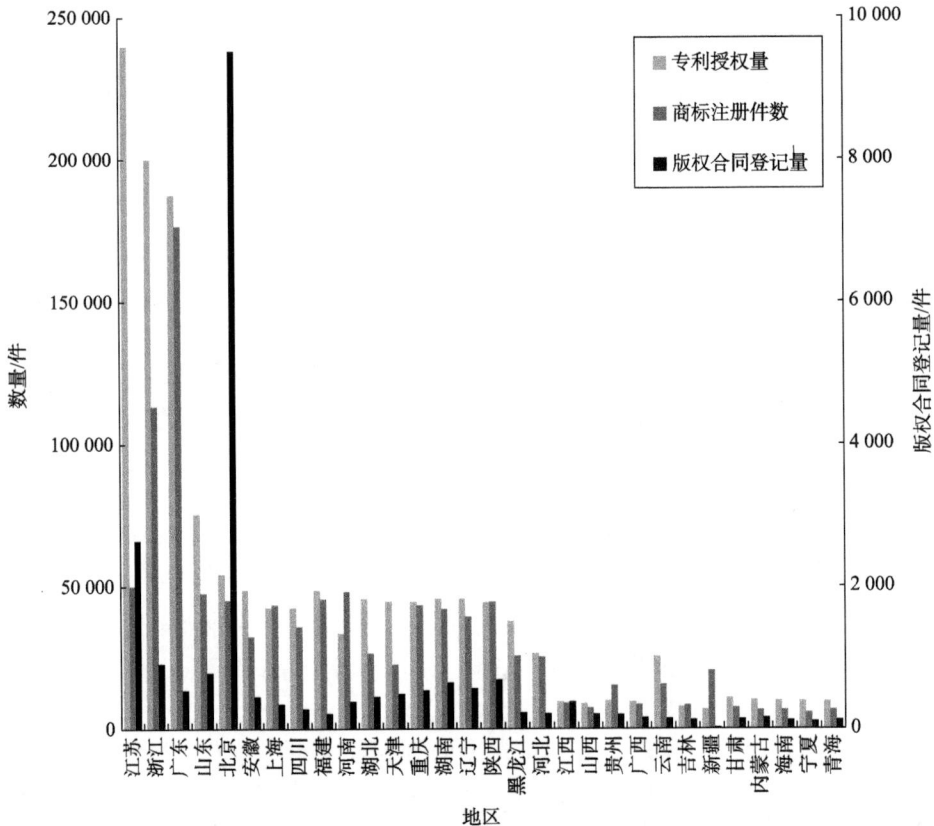

图 3.5　2013 年我国各省、区、市高技术企业知识产权保护现状

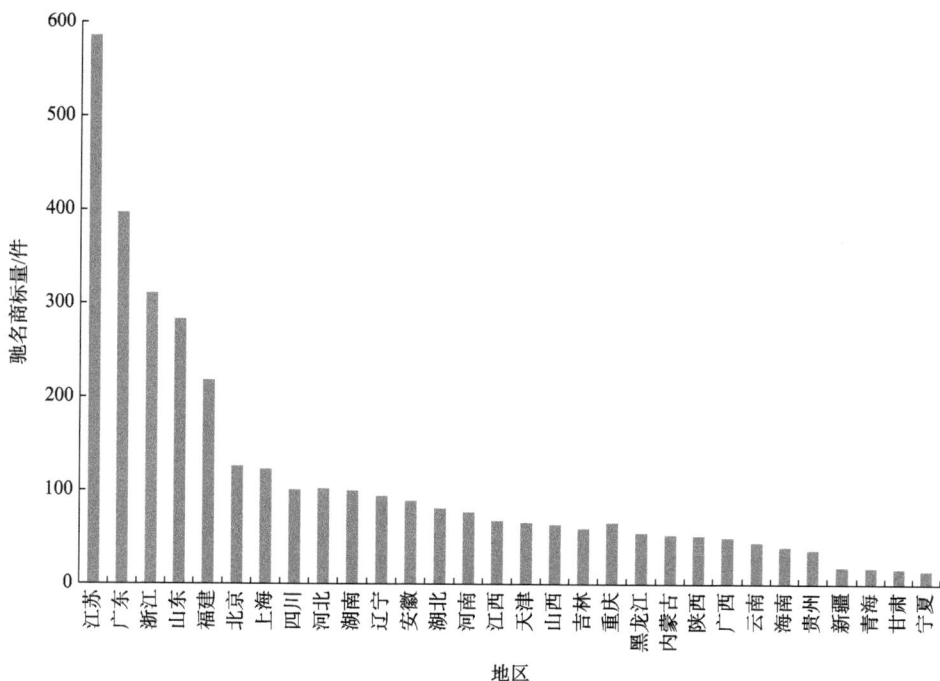

图 3.6 我国各省、区、市驰名商标量对比图

（三）高技术企业知识产权运营现状

高技术企业知识产权运营的实质是运作企业无形资产，实现知识产权的商业化和社会化价值，是企业或国家（地区）在全面了解市场环境、技术环境和社会环境的基础上，利用企业或本国的人力资源、财务资源和外部市场资源，谋求知识产权资产增值与价值实现的方式。因此，知识产权运营管理主要体现在如何促进知识产权价值的增值和实现方面，为此，本书从技术市场成交额、大中型企业新产品销售收入和高技术产业新产品出口额及其各增长率来刻画我国高技术企业知识产权运营状况，如表 3.2 所示。

表 3.2 我国高技术企业知识产权运营状况

年份	技术市场成交额/万元	大中型企业新产品销售收入/亿元	高技术产业新产品出口额/万元	技术市场成交额增长率	大中型企业新产品销售收入增长率	高技术产业新产品出口额增长率
2006	18 181 813	31 233	33 415 657	17.20%	29.61%	25.33%
2007	22 265 261	40 976	43 520 861	22.46%	31.19%	30.24%
2008	26 652 288	57 027	63 417 880	19.70%	39.17%	45.72%
2009	30 390 024	57 978	49 299 107	14.02%	1.67%	−22.26%
2010	39 065 753	72 864	74 345 122	28.55%	25.68%	50.80%
2011	47 635 589	100 583	101 666 994	21.94%	38.04%	36.75%
2012	64 370 683	110 530	113 878 114	35.13%	9.89%	12.01%
2013	74 691 254	128 461	122 333 390	16.03%	16.22%	7.43%

年份	技术市场成交额/万元	大中型企业新产品销售收入/亿元	高技术产业新产品出口额/万元	技术市场成交额增长率	大中型企业新产品销售收入增长率	高技术产业新产品出口额增长率
2014	85 780 965	142 895.3	134 322 062	14.85%	11.24%	9.80%
2015	98 365 033	150 856.5	167 575 462	14.67%	5.57%	24.76%
2016	114 073 929	174 604.2	181 663 586	15.97%	15.74%	8.41%
2017	134 242 200	191 568.7	195 150 291	17.68%	9.72%	7.42%

根据表 3.2 所示,近些年来我国高技术企业知识产权运营活动表现良好,在技术市场成交额、大中型企业新产品销售收入和高技术产业新产品出口额上均呈现显著的快速增长态势,表明知识产权运营宏观环境得到改善,知识产权市场整体活跃。从表 3.2 所反映的具体数据来看,在技术市场成交额方面,2006 年为 18 181 813 万元,到 2017 年上升到 134 242 200 万元,基于时间序列的数据变化对比发现,我国技术市场成交额在 2006~2017 年实现了 638.33%的增长率[1],年均增长率为 19.93%,是 GDP 增速的两倍以上;大中型企业新产品销售收入方面,2006 年为 31 233 亿元,到 2017 年飙升到 191 568.7 亿元,在此期间总共实现了 513.35%的增长率,年均增长率为 17.93%;高技术产业新产品出口额方面,2006 年为 33 415 657 万元,而到 2017 年大幅度增加到 195 150 291 万元,其在 2006~2017 年的 11 年时间实现了 484.01%的增长率,年均增长率也达到 17.40%。整体而言,在 2006~2017 年,我国知识产权运营总体的增长趋势明显,但不同年度出现较大差异,具有波动性,如 2009 年我国知识产权运营指标异常于其他年份,出现低落状态,这可能的原因在于 2008 年经济危机对大中型企业新产品销售和高技术产业新产品出口造成了强烈冲击,抑制了相关产品的销售和出口。虽然宏观经济环境对我国知识产权运营产生负面影响,但也给我国进行知识产权体系完善、经济结构调整和创新体系建设提供了良好的机遇与驱动力,这必将促使我国知识产权运营呈现更加稳定持续的发展状态。

横向对比我国各省、区、市高技术企业知识产权运营现状,同样以 2013 年数据作为排序基础数据,以表示知识产权运营的所有指标数据加和作为排序依据,得到我国各省、区、市高技术企业知识产权运营现状柱形图,见图 3.7。由图 3.7 可知,广东、江苏、北京、浙江、山东、天津和上海等东部地区在技术市场成交额、大中型企业新产品销售收入和高技术产业新产品出口额等指标上处于全国领先位置,其次为湖北、湖南、安徽等中部地区,最为靠后的是内蒙古、云南、贵州、青海等西部欠发达地区。此外,从图 3.7 的各指标所代表数据量高度来看,东、中、西部地区的知识产权运营活动发展出现明显的失衡状况,将江苏、安徽和贵州三个省分别视为东、中、西部的三个代表省,对比知识产权运营活动的差距,发现江苏在技术市场成交额、大中型企业新产品销售收入和高技术产业新产品出口额上比安徽分别高出 4.05、4.11 和 89.84 倍;安徽比贵州在技术市场成交额、大中型企业新产品销售收入和高技术产业新产品出口额上分别高出 7.11、11.89

---

① 同比增长率=(当年的指标值−去年同期的值)÷去年同期的值×100%。

和 10.88 倍；江苏比贵州在技术市场成交额、大中型企业新产品销售收入和高技术产业新产品出口额上则分别高出 28.80、48.87 和 977.46 倍，这三项指标差距最大的为高技术产业新产品出口额，其次为大中型企业新产品销售收入和技术市场成交额。可见，与知识产权开发类似，我国高技术企业知识产权运营活动在区域上呈现严重失衡状态，尤其在高技术产业发展方面，东部地区依然占据主导地位，中、西部地区发展严重滞后，未来政府部门不仅应调整产业间结构，还要注重各个产业在区域上的协调均衡发展，推动区域高技术产业发展，激活区域知识产权运营活力。

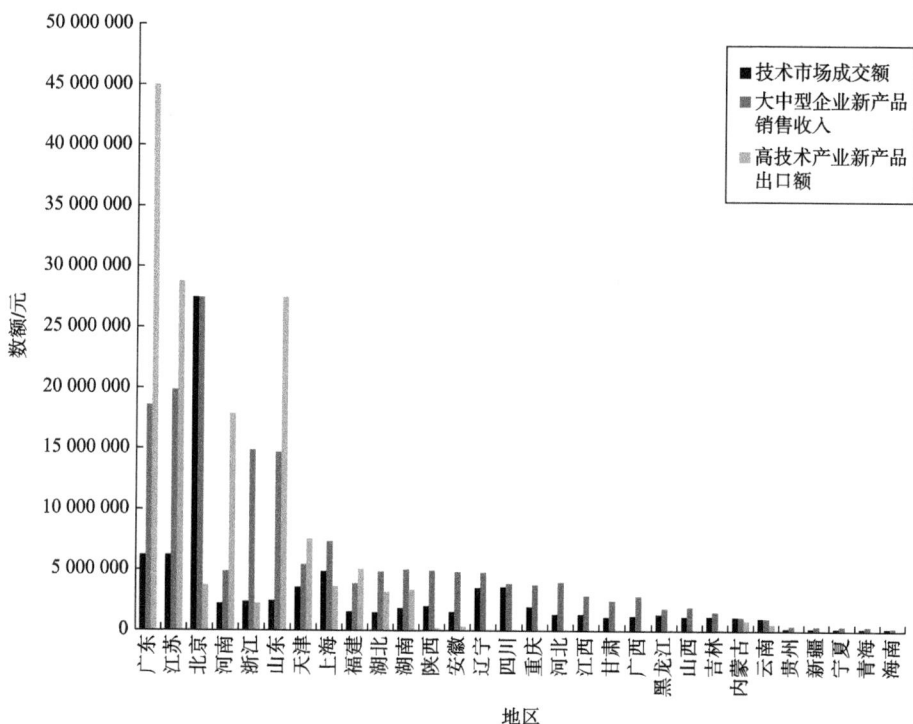

图 3.7　2013 年我国各省、区、市高技术企业知识产权运营现状

　　运营效果的好坏主要由知识产权所产生的经济价值和社会价值来衡量，其结果也直接和高技术企业的命运挂钩，因此我国高技术企业普遍较重视知识产权运营工作，规模较大的企业或者高技术产业区通常借鉴国内外知识产权运营的先进理念和制度设计，建立专门的知识产权运营中心，整合诸如知识产权战略咨询、托管孵化、检索分析、代理代办、维权投诉、评估交易等功能，极大地提高了知识产权运营的效率。据《中国统计年鉴》发布的信息，截至 2015 年，中国高技术企业总产值再创历史新高，突破了 13 万亿元，占制造业比重达到 14.1%。高技术产业主营业务收入在不同行业间差异显著，电子及通信设备制造业主营业务收入占全部收入的一半以上。以东部地区为主，高技术产业分布体现出明显的地理集聚特征。内资企业产值所占比重继续稳步上升，已达到 51%，比上年度提升了 4.4 个百分点，研发投入继续提升，大中型高技术产业企业的研发经费占大中型制造业企业研发经费的 29.7%，研发经费投入强度达到 1.59%，地区研发投入差

异明显。高技术企业主营业务收入及增长速度（2006～2017 年）如图 3.8 所示。

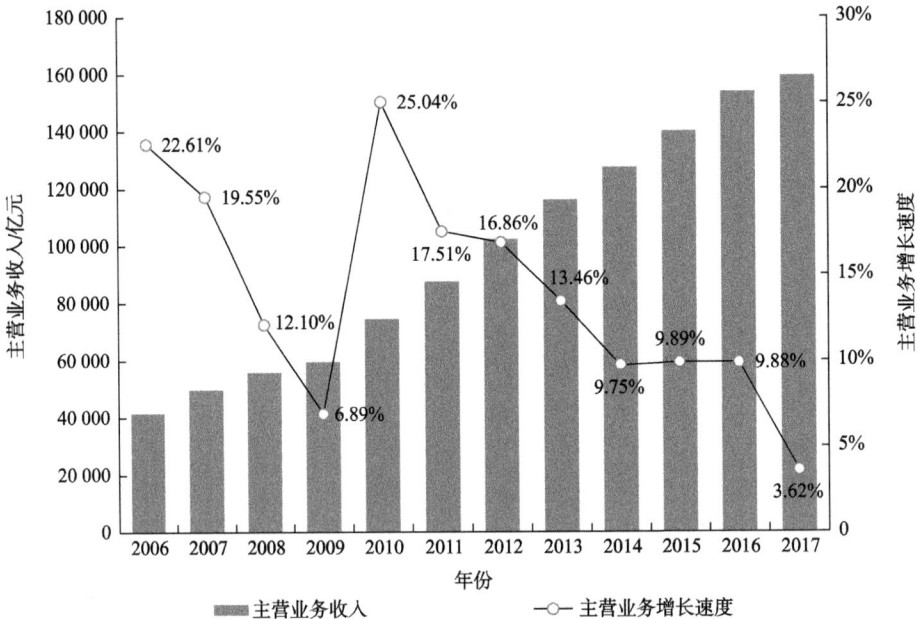

图 3.8　高技术企业主营业务收入及其增长速度（2006～2017 年）

作为中国知名私营企业和高技术企业的典范，海尔集团的知识产权运营策略是一个成功的例子，海尔集团自 1987 年跨出知识产权战略的第一步开始，就从简单地在全球范围内的商标注册和保护，到现在运用自主知识产权参与国际竞争，制定国家标准，将知识产权经营作为企业经营战略的一种，形成了较为完善的企业知识产权运营模式，该模式在企业的全球化战略阶段显示出强大的威力。从 2005 年起，海尔集团的知识产权拉动产品销售价格、销售收入已经占 20%以上。但是，中国大多数高技术企业，特别是中小企业的知识产权运营能力还比较低下，据调查，有超过 46.5%的高技术企业授权专利的实施率不到 25%，忽视授权专利的价值、无力将知识产权进行市场化经营的情况普遍存在。

（四）高技术企业知识产权协同现状

随着社会分工的不断深化，企业间的竞争形式也经历了产品竞争、技术竞争、品牌竞争等多个层面，产品的品质和品牌是企业技术优势与知识优势的转化及显现，企业产品竞争依赖多种、多项知识产权的集成，即知识产权是创新的成果，是多项权利的组合，包括专利权、商标权、著作权、商业秘密等（Frame，1977）。从产品研发到设计、从服务提供到市场、从融资到特许经营等，需要不同组织，乃至不同产业间的知识产权的协同，这种协同与合作也有利于高技术企业品牌的塑造。

产业输出越高端，对知识产权战略协同的要求就越迫切，特别是高技术产业，其涉及的科技创新成果多，因此对知识产权战略协同的要求就显得尤为紧迫。受知识产权协同发展状况的约束及资料可获得性的制约，相关权威文献或数据中罕有知识产权协作的相关信息。从企业层面上分析，中国高技术企业知识产权协同在规模上相对较小，在协同的内容上缺乏广度和深度，具体的协同形式，如提供知识产权及科研管理咨询与培训服务、共同进行专利开发申请、专利交叉许可、知识产权保护协作等内容。从宏观层面上看，中国高技术企业知识产权协同还比较滞后，随着知识产权在国际竞争和国际贸易中的地位日益凸显，知识产权战略布局已经成为各发达国家抢占新一轮发展制高点的关键性工具。与传统国际分工相区别，在以全球价值链为基础的国际分工体系中，以著作权、专利、品牌等为主要内容的知识产权决定着不同国家和企业在全球产业链中的地位。一个国家和企业拥有的知识产权优势越明显，它对价值链的主导力越强，在财富分配中的位置越有利；反之，就只能处于国际分工的低端。因此企业既要充分了解相关的知识产权制度环境，防止对其他企业造成侵权而引发不必要的纠纷，又要在政府的支持下通过知识产权战略协同对企业知识产权管理做好合理的安排和配置，从而塑造、形成有利的知识产权战略态势，为后续的市场竞争创造有利的基础。

第三节　国外高技术企业知识产权管理状况及启示

一、美国高技术企业知识产权管理状况

美国是世界第一大经济体，向来注重对企业知识产权的保护，随着美国经济的迅猛发展，知识产业、技术产业和信息产业等已经成为经济主体，高技术企业也逐渐形成比较科学、完备的知识产权管理系统，知识产权战略的实施也较为成功。早在 20 世纪 80 年代，美国就将知识产权战略上升为国家重要战略，美国的知识产权战略可以用以下三方面概括。

（一）实施知识产权战略立法先行

美国知识产权法与反垄断法的交织源远流长。知识产权法通过授予权利人排他性的财产权为创新活动提供激励，反垄断法则通过禁止或限制某些行为为创新活动提供竞争环境。倘若权利人滥用知识产权，则会限制竞争和阻碍创新，需要反垄断法进行干预。美国对知识产权许可的反垄断法干预是通过成文法、判例法和反垄断执法实践，不断协调与知识产权法之间的关系来实现的。

在美国联邦法律的层面上，知识产权与反垄断法的共同目标是促进创新。知识产权的基本政策是激励创新与创造，所以法院在决定是否使用反垄断法进行干预时，首先考虑知识产权许可是否具有反竞争后果，以此权衡这些行为对推动创新所产生的影响。只有这样，法院才可以评判该行为的经济效果，进而确定其是否具有合法性（张卫东，2017）。

美国根据国家利益和国际市场竞争的实际，对已有的专利法、商标法和著作权法等知识产权立法不断完善，把新兴的科学技术形式纳入知识产权保护范围，加大高技术知识产权保护力度。此外美国为推动高科技创新成果的产业化和商业化，调整知识产权利益关系，颁布和实施了一系列法律。立法不断为知识产权战略所服务，对尖端技术、涉密技术等知识产权严格保护，以巩固其技术的垄断地位（杨起全和吕力之，2004）。

（二）对外实施知识产权壁垒

在国际市场竞争中，美国运用 *the Trade Reform Act of 1974*（《1974 年贸易改革法案》）"特殊 301 条款"打压可能对国家知识产权安全构成威胁的竞争对手，同时积极推动 TRIPS 的达成，TRIPS 的达成表面上标志着国际贸易之间的知识产权得到有效保护，深层次是美国借助国际知识产权争端解决机制为本国知识产权人全球利益最大化创造了客观条件（曹新明，2009）。此外，为了维护自身利益，美国严格主张知识产权的国际保护，限制国际的高技术资源的利用，加强对技术转移的控制，主张将知识产权制度纳入世界关税及贸易总协定，竭力主张以美国为中心建立国际知识产权新秩序（冯晓青，2007）。

事实上，美国立法部门为了使美国的版权法更好地促进美国知识产权产业的发展，分别于 2015 年和 2016 年出台了美国版权法改革方案与《混同、首次销售及法定赔偿白皮书》。两份文件分别从改革美国版权局行政职能、改变美国版权专有权范围、改革"避风港规则"、法定赔偿制度、禁令制度，探索数字环境下首次销售原则、孤儿作品、合理使用等问题的解决方案等方面进行了详细的阐述。这些积极的版权改革方案的目的在于保护版权人的合法权利，维护版权产业发展，强化版权保护力度。

（三）不断发展和完善知识产权管理的目标

美国专利及商标局制定了全新的 21 世纪知识产权战略来适应新的国际市场变化，21世纪知识产权管理的要点在于保护本国知识产权资源，特别是高尖端知识产权，力求将美国专利及商标局建设成为一个能敏锐感受市场变化的、富有效率的、积极响应的知识产权管理机构。实施这一管理目标的具体步骤为系统培训知识产权从业人员、加强与世界其他先进国家的联系和合作、推动有利于本国的知识产权制度国际化、强化知识产权事务信息化管理和电子化办公、调整知识产权激励制度等，知识产权战略适时的改动和修订确保了美国知识产权战略始终处在国际竞争的有利地位，对美国高技术企业的发展起着重要作用（易方立和李冀君，2010）。特别在高尖端国防领域知识产权管理方面，美国国防部通过制定《联邦采办条例国防部补充条例》《国防部合同知识产权问题指南》等规定，指导国防合同中产生的知识产权的管理活动。为了更好地指导国防采购活动，美国国防部还制定了一系列指导细则，其中最重要的为 5000 系列指令，包括美国国防部指令 5000.01《国防部采办系统》和美国国防部指令 5000.02《国防采办系统的运行》。这些规定、指南、细则将《美国专利法》《联邦技术转让法》等规定的相关内容进一步制度化、具体化，具有很强的操作性（易继明，2018），形成国防知识产权归属管理、国防知识产权保密管理、国防知识产权转化管理和国防知识产权纠纷管理四位一体的知识产权管理体系。在国防知识产权归属管理方面，美国国防部对其投资产生的专利、技术资料和计算机软件等知识产权实施了严格的管理政策，尽管有时会将所有权授予承包商，但美国国防部仍然保留以国防为目的的免费使用权。采用这种管理方式，主要是因为国防科研经费的主要投资者是政府。随着商业企业成为国防科研经费的主要投资者，这种知识产权管理不能很好地吸引商业企业，特别是无法吸引非传统的国防承包商与美国国防部合作。商业企业视知识产权为它们的生命线，不会在损害自己权益的情况下进入防务市场；而采办官员对新进入防务市场的商业企业也很谨慎，害怕其为了商业利益而损害国防利益（胡浡洲等，2015）。在国防知识产权保密管理方面，美国国防部根据专利申请的不同，采取三种不同等级的保密措施。和平时期，保密命令为期一年，根据需要可以延长时限，每次延长保密期一年；战时或者紧急状态期间，若保密命令于战时或者紧急状态期间发布，那么战时和战争停止后满一年之后，或者紧急状态结束满六个月之后，原保密命令失效；特殊情况下，若专利申请受到保密命令约束，美国专利及商标局会对受到保密命令约束的专利申请进行实质审查，如果该发明应当被授予专利权，美国专利及商标局将根据具体情况推迟授予该发明专利权，专利申请人因执行美国发明保密制度而受到的损失可以请求赔偿，如果认为保密命令有错可以提出异议。在国防知识产权转化管理方面，美国将国防知识产权转化工作纳入国家知识产权转化工作体系之中，并已形成了由美国国会和总体政策牵引，美国国防部主导，下设专门的技术转化办公室，协同推进各军政部门国防知识产权转化的工作体系（徐辉，2016）。在国防知识产权纠纷管理方面，处理国防知识产权的纠纷问题，一般可以采取协议、申诉和诉讼的方式解决。例如，申请人或者其他权利人在非受美国政府雇用期间产生的发明，因为执行保密命令而被推迟授予专利权时，申请人的经济利益往往会遭受损害。此时，申请人可以向相应的政府部门提出赔偿要求，政府部门可以和申请人或者其他权利人达成赔偿协议，且该协议具有最终决定性。

二、日本高技术企业知识产权管理状况

第二次世界大战后日本经济得到了全面复苏和发展，其中知识产权科学先进管理理念的形成和发展起到了关键的作用。战后日本通过技术引进战略，从欧美发达国家引进了大量先进技术，对进口的技术进行消化吸收并进行二次开发，配以适当的专利战略，很快缩小了其与欧美国家的差距，而后不断加强自主知识产权开发，确立了本国高技术产业在世界的优势地位。2002年，日本制定了《知识产权战略大纲》，把知识产权建设和知识产权管理提升到国家基本战略的高度，旨在促进本国知识产权产业化发展并最大程度地运用知识产权，促使高技术迅速转化成为现实生产力。日本的高技术企业知识产权管理有以下五方面特点。

（一）不断追求知识产权的自主创新

战后日本政府积极推进大学的自主创新能力建设，开展知识产权方面的产、学、官合作，为研究人员营造良好的创新环境，鼓励高技术企业创造高质量的知识财产，明确规定大学知识产权成果实行权利单位归属原则；对职务发明专利允许企业与知识产权人协商报酬问题；规定政府资助的知识产权开发所获得的知识产权可以归资助者所有，此举激发了投资方积极申请专利的热情，政府还积极推进在日本全国大学范围内建立知识产权部并给予资金支持，建立知识产权转移机构促进大学研究成果向企业转移。

（二）积极实施知识产权创造管理

知识产权创造管理是知识产权整体管理环节的出发点和基础，有效的知识产权创造管理能够促进日本大学、科研机构和高技术企业积极从事知识产权创造活动，同时培养知识产权开发和专业的管理人才（李志军，2017）。日本政府重视对知识产权法的实施和科学管理。在日本，执行知识产权法律首先是司法部门的责任，对于大量的民事侵权纠纷案件，当事人通过诉讼由法院判决处理；对于侵犯知识产权的刑事犯罪案件，由警察侦破、检察官批捕、法院定罪量刑或处以罚金；政府部门十分重视对知识产权法律的实施工作，有关主管部门制定、执行着一套科学的管理制度。日本的知识产权创造管理理念不仅强调科研机构的知识产权创造，还涉及高技术企业知识产权的创造和获取。实施知识产权创造管理的根本目标是鼓励企业积极发明创造并在全世界申请专利以确立知识产权，大力培养优秀知识产权人才。

（三）巩固和完善对知识产权的保护

日本对知识产权保护的目的在于建立知识产权申请和知识产权事务审查的快速通道，完善现有管理措施，强化对专利权、著作权、商业秘密等知识产权的保护，特别是国际知识产权的保护，充分地运用受到保护的知识产权产品，使其迅速地转化为现实生产力。

（四）重点把握知识产权的运用

运用知识产权的目的在于高效推进高技术知识产权向现实生产力和现实效益的转化，对知识产权的运用进行科学决策和妥善处置，发挥知识产权的经济效益。同时相关部门深刻意识到知识产权人才的培养对知识产权有效管理的重要性，进而积极进行知识产权人才培养，提高全民的自主知识产权意识（冯晓青，2007）。

（五）加强知识产权的国际合作

日本积极参与知识产权方面的国际合作，逐步构建世界专利同盟，早在 1998 年，日本就借鉴美国的相关经验开始建立知识产权合作转移机构，特别是为了推动大学、科研机构等创新主体的知识产权产业化程度，日本建立了向大学派遣知识产权顾问、鼓励大学设立企业、鼓励大学和科研机构与企业建立合作关系等制度（陈一乎，2018）。此外，日本专利局、美国专利及商标局和欧洲专利局还共同建立专利技术检索制度，开辟美国和欧盟检索专利快速通道，日本专利局将根据美国和欧盟申请人的要求，不再进行重复检索，直接进行授权审批，这种机制最终实现专利申请在日本、美国和欧盟知识产权局之间相互许可的制度。另外，日本还积极参与知识产权国际标准的制定，在培养国际标准化人才、制定国际化标准等方面增强本国影响力（朱玉荣，2009）。

三、韩国高技术企业知识产权管理状况

相对于欧美等发达国家，韩国的高技术企业知识产权发展较晚，但通过学习和模仿，韩国在知识产权管理等方面也积累了相当多的经验，韩国的科技崛起使其知识产权管理的手段成为发展中国家成功的典范。

20 世纪 80 年代韩国和美国之间爆发了一系列国际贸易争端，此后韩国意识到只有能对知识产权进行科学管理才能使本国企业获得国际竞争优势。为促进本国高技术企业积极进行技术创新，韩国政府颁布实施了一系列法律并对本国产业结构进行调整，极大地增强了高技术企业的技术创新能力。金融危机爆发之后，韩国颁布了《知识产权强国实现战略》并进行《知识产权基本法》制定工作，把促进知识产权运用和加强知识产权保护作为工作重点，增强知识产权服务力度，积极参与国际知识产权规则的制定和完善。2009，韩国研究制定了《知识产权的战略与愿景》，随后审议通过了《知识产权强国实现战略》；2011 年《知识产权基本法》获得通过，完备的知识产权管理系统为韩国经济飞速发展奠定了基础。韩国知识产权管理的精髓可以概括为以下五方面（王莉敏，2011）。

（一）加强知识产权的法律制度管理

韩国知识产权管理的目标之一是在 21 世纪成为世界知识产权强国，为此韩国政府为知识产权的创造和生产力的转化提供了完备的法律保障：1994 年韩国政府颁布了《发明促进法》；2000 年成立了专利技术商业化委员会；2003 年建立了知识产权服务中心；2009 年 3 月，韩国特许厅联合相关部门研究制定《知识产权的战略与愿景》；在此基础上，2009 年 7 月 29 日，直属韩国总统领导的韩国国家竞争力强化委员会在首尔召开第十五次全体会议，审议通过了该委员会与政府 13 个部门联合制定的《知识产权强国实现战略》，标志着韩国正式推出国家知识产权战略，知识产权政策也按照战略部署逐步形成体系。这

一系列举措为知识资产的积累奠定了基础（王淇，2017）。

韩国国家知识产权战略以"促进知识产权的经济、商业应用"、"出台世界水平的知识产权法律制度"和"完善知识产权相关基础设施建设"作为主要政策方向。韩国国家知识产权战略体现了知识产权政策体系的顶层设计，要点包括制定《知识产权基本法》。在国务总理办公室设置专门机构成立由知识产权相关部门及民间专门委员组成的知识产权政策协调委员会，负责制定包括知识产权创造、运用、保护等内容的《知识产权基本法》。

（二）广泛参与国际知识产权事务

韩国于1979年加入WIPO之后不久成为《保护工业产权巴黎公约》的成员国，又先后加入《专利合作条约》（patent cooperation treaty，PCT）和《布达佩斯条约》，并于1995年加入WTO中的TRIPS协定，不断完善本国知识产权法律制度，使本国知识产权法律制度与国际标准相适应，1999年韩国知识产权局被WIPO指定为PCT国际检索单位和国际初步审查单位，这为韩国专利国际化贸易带来便利条件。2009年7月，韩国《知识产权强国实现战略》提出三大战略目标：一是改善技术贸易收支，二是扩大著作权产业规模，三是提升知识产权国际主导力。还提出10项战略举措：促进知识产权创造和知识产权金融、促进知识产权产业化、完善知识产权司法制度、建立公正的知识产权交易秩序、引领国际专利制度发展潮流、推进《知识产权基本法》制定进程、加强知识产权保护、建立知识产权纠纷援助机制、加强知识产权文化建设、建立信息化知识产权基础设施。韩国以战略为核心构筑了韩国知识产权政策体系的顶层设计（王淇，2017）。

（三）实施灵活的外围知识产权战略

和美国贸易争端之后，韩国非常注重知识产权战略的灵活运用，实施灵活的知识产权战略以在激烈的国际技术竞争中获得生存空间。由于韩国知识产权战略形成较晚，其知识产权战略的首要目标是在国外跨国公司并以高技术优势为手段的攻势前实施知识产权防御战略，建立知识产权周边防御网，采用层层设防的办法遏制国外跨国公司垄断市场，这种战略的实施为韩国企业争取了宝贵的生存时间，从而来提高自身核心竞争力，加强了韩国知识产权的国际影响力（黎运智和孟奇勋，2008）。

（四）精确实施知识产权引进战略

韩国政府积极引进意义重大并具有划时代影响的核心技术，以CDMA①技术为例，1995年韩国大胆购买美国CDMA专利技术，使原本落后的韩国移动通信产业实现全面快速的发展，KT和SKT两家韩国大型通信企业迅速崛起，使韩国在亚洲金融危机

---

① CDMA（code division multiple access）是码分多址的简称，是一种无线通信技术。

后迅速得到恢复，韩国在发展本国 CDMA 技术过程中始终坚持市场和研发并进的原则，不断加快加深自主知识产权的研发（杨达，2011）。多年的积累使韩国企业掌握了从核心技术开发到外观设计的全套知识产权技术，2013 年起，韩国企业（三星电子）就开始布局第五代移动通信核心技术，力求从根本上摆脱对国外先进通信技术的依赖。

（五）开展中小企业知识产权战略

韩国政府一直努力扶持本国中小技术企业，为了提升本国中小技术企业的知识产权开发能力和整体竞争力，政府先后出台了一系列政策措施，如为中小技术企业开辟专利服务，集中系统培训中小技术企业，为中小企业提供专业技术指导，创造多种便利措施鼓励中小企业创造和开发知识产权（姜桂兴，2005）。20 世纪 90 年代以来，韩国知识产权政策着力于提高知识产权政策运行绩效，旨在服务中小技术企业知识产权战略的制定和执行，其推进重点包括：提高知识产权局效率，建立电子化办公的机制；积极扶持主导产业，推进科技创新工程；帮助中小技术企业融资和提供知识产权信息；派遣知识产权管理顾问，提高高校同企业知识产权的协同能力（黎运智和孟奇勋，2008）。

四、德国高技术企业知识产权管理状况

第二次世界大战后的德国之所以能够迅速崛起一跃成为世界主要经济体之一，其中一个重要原因是德国企业重视运用知识产权制度，不断提升尖端科技领域的强大的市场竞争能力。随着知识经济时代的到来，德国政府更加重视知识产权战略的培养和形成，建立起来了较为成熟的知识产权管理体系，积极实施了以企业为主体、以专利为目的的知识产权管理方针，培养出了大批知名世界顶级企业（叶美霞等，2008）。德国企业侧重于知识产权的管理职能、知识产权成果评价、知识产权应用和产学研合作，形成了特征鲜明、极具针对性的知识产权管理体系。德国知识产权管理的理念可以概括为以下几点。

（一）明确知识产权战略指导方针

德国把企业知识产权战略作为本国企业发展战略的一部分进行整体性部署，并根据行业的特点区别制定符合本行业的知识产权战略。例如，德国汽车行业的知识产权战略侧重点在汽车制动系统的研发及知识产权申请。为了保证知识产权战略的针对性，德国还制定了知识产权管理指导方针。例如，知识产权管理要以商业战略全球化为导向，注重培养高素质的知识产权专业人员等。

（二）确保知识产权管理工作的高效开展

知识创新的最终价值体现在实现经济效益的层面，德国大力推动知识产权成果的转化机制建设，确保知识产权管理工作的高效开展。例如，欧洲先进研究中心（Center of Advanced European Studies and Research，CAESAR）建立了知识产权成果的孵化机制，该孵化机制不仅向知识产权的持有主体提供相关的法律咨询服务，同时为知识产权的持有主体提供相关的市场需求信息和金融支持服务功能。德国企业知识产权管理的职责是知识产权信息搜集和整理，发掘创新发明并申请专利，制定知识产权战略实施细则，对专利、商标、实用新型等其他知识产权进行综合管理，及时处理和解决发生的知识产权纠纷，奖励发明创造等。在明确职责的基础上企业之间和企业内部都普遍形成了畅通的沟通渠道。

（三）构建科学的知识产权评估体系

德国企业逐步摸索形成了一套知识产权评估体系，能够科学地对发明成果进行市场预测，力争合理运用资金及选择有效的知识产权策略。企业要对产生的发明成果预先进行价值评估，根据发明成果价值的大小制定适合的知识产权策略（郑友德，2010）。对已有的专利授权采取适时评估策略；对于价值较小或者逐渐失值的专利授权就适时放弃；对关系重大且涉及企业甚至国家的核心知识产权要严密保护。

（四）积极开展产学研合作，促进知识产权成果转化和市场化运作

企业是知识产权重要的创新主体，特别是大型国际化知名企业更是德国知识创新和专利申报的主体。相关统计数据显示，德国的专利申请主体的密集型程度总体较高，西门子、奔驰等德国著名企业的专利申请量占据了德国专利申请总量的13%左右，同时，在德国申请的国际专利中，接近70%的国际专利集中在10家企业中，企业在德国专利申请和授权中占据了重要位置（陈一孚，2018）。德国企业注重产学研合作，根据企业的知识产权创新需求和高校及科研院所的研究人员进行科技合作；设立研发中心和科技实验室等，为其提供科研项目和研发经费；对于科研院所取得的科技成果，投资企业进行全面评估，将具有市场前景的发明进行专利许可购买，直接将科研成果转化成现实生产力应用于实际并再次激发科研投资，从而在企业与科研院所之间形成研发和市场转化的良性循环机制。

（五）重视培养知识产权专业管理人才

德国企业对新员工有知识产权专业培训，包括知识产权法律制度和知识产权保密规定，知识产权开发、授权、运用，知识产权纠纷受理途径等。通过严密的员工培训，员工逐渐养成良好的知识产权意识。另外，企业注重专业化知识产权队伍的培养，形成具

有科技发明能力和知识产权运用能力的复合型人才（冯涛和杨惠玲，2007）。

五、国外高技术企业知识产权管理的启示

（一）对高技术企业知识产权开展全面管理工作

发达国家的高技术企业对国际知识产权的推动和发展作用明显，起着主导作用，发达国家也都十分注重维护其高技术企业在国内外的利益。同时，高技术企业也十分善于对本企业的知识产权进行运作和管理，在知识产权的开发、保护和运营等方面都有非常成熟的做法与经验，为了更好地保护和利用知识产权，高技术企业通常都有专门的知识产权管理组织，它们大都将知识产权部门作为一个独立部门由公司总经理直接领导，并有一套完善的知识产权管理方法加以保障。例如，美国的休斯飞机公司（Hughes Aircraft）设有专利与商标部，由公司一副总经理直接负责，配有专人处理知识产权许可管理工作，也配有专业的知识产权律师队伍，该部门的职能是执行公司所有的知识产权管理工作，确保知识产权管理的实施，1984～2011 年，休斯飞机公司平均年申请专利达 420 多项（崔伟，2004）。

（二）应对知识产权实施战略管理

美国、日本、韩国、德国等发达国家早已从战略高度运用相关知识产权手段来保护本国企业、促进本国经济社会发展，不论是在立法上还是在对外贸易中均目光长远地统领本国知识产权管理工作。同时，国外企业，特别是高技术企业也都为拓展自身生存空间和实现本国知识产权战略而加强员工知识产权培训、改进知识产权开发流程，提高知识产权管理人员的整体素质。因此，中国十分有必要根据国际知识产权形势的变化和发展积极开展知识产权管理，联动企业和全社会提高知识产权意识、创新知识产权管理方法、完善知识产权管理组织，提升本国知识产权防御能力。

（三）应抓紧时机构建高技术企业知识产权管理系统

美国、日本等国家的高技术企业除了具有良好的外部知识产权环境，同时企业自身的知识产权管理系统也是其知识产权战略能够成功实施的重要保证。知识产权外部环境由于存在着不可预测性，这为高技术企业知识产权战略带来了无法预计和回避的风险，环境的风险性要求高技术企业知识产权管理工作必须要有相应的自适应机制来及时转移、分担、减少风险。构建高技术企业知识产权管理系统可以对企业的知识产权管理工作起到支撑和保护的作用，有利于在高技术企业内部形成与环境相结合的自适应机制，确保高技术企业知识产权管理工作有效进行，提高高技术企业知识产权竞争能力。

（四）注重知识产权管理的各个环节

传统的高技术企业知识产权管理工作涵盖了知识产权开发、知识产权保护和知识产权运营的全过程，发达国家和国外较为先进的高技术企业不是单纯地设置知识产权壁垒或采取消极的知识产权保护手段，而是多角度、多层面地协调知识产权管理的全过程。因此，高技术企业应充分重视每个环节而不应重开发、轻保护或者重保护、轻运营；应在知识产权开发、保护、运营的基础上加入知识产权协同维度，构建开放式知识产权管理系统，这四个环节动态相关，任何一环都会对高技术企业发展起到重要作用，高技术企业应该妥善处理每个环节的知识产权问题，重视长远可持续发展。

第四章 中国高技术企业开放式知识产权管理系统构建

第一节 高技术企业开放式知识产权管理系统特征

区别于传统企业,高技术企业知识产权管理工作与一般企业的知识产权管理工作有很大的不同,这种不同是由高技术企业的特点所决定的。一方面,高技术企业具有知识密集性和智力密集性的特点,这种特点要求组织成员间进行知识传播时需要借助特定的知识传播媒介手段,向急需此类知识的其他社会成员传播特定的知识信息,以便于组织成员学习,从而提高企业内各组织的知识产权运用能力和管理水平,使知识产权的各个环节不受约束条件的制约,实现知识有序、系统、高效地传播,即知识产权协同占开放式知识产权管理内容较大的比重;另一方面,高技术企业具有高风险的特点,有可能存在无效知识产权开发和知识产权市场转化困难的现象,同时在知识传播过程中难免要发生知识扩散,核心和关键的知识产权容易发生泄密,如果缺乏系统的知识产权管理手段,企业自身将很难发展,因此有必要构建出高技术企业开放式知识产权管理系统来专门为高技术企业服务。

高技术企业开放式知识产权管理系统涉及整个知识产权领域和企业技术创新领域,其本身是一个包括知识产权开发、知识产权保护、知识产权运营、知识产权协同四个相互独立又彼此交融的系统整体,该系统从高技术企业知识产权长远战略目标出发,使各个子系统之间相互协作,在完成自身职责的同时进行信息的传递交流,协调一致。中国高技术企业开放式知识产权管理系统的特征可以概括为以下几点。

(一)系统性与全局性

中国高技术企业开放式知识产权管理系统是事关高技术企业全局、为实现高技术企业长远发展的筹划与谋略,而不是局部的、短期的目标。高技术企业知识产权开放式管理系统是高技术企业为了实现自身既定发展目标和知识产权战略规划,按一定的秩序与内外部组织关系组合而成的整体。在具体的高技术企业知识产权管理中,系统性与全局性的特点体现为高技术企业在确定自身的主体目标、明确自身发展可能存在的机会和威胁、分析企业内部的强项和弱势、形成可供选择的战略管理方案和选择可操作的战略方针时，应按照一定的时序步骤以全局的眼光和战略管理的方式推进，不应仅局限于眼前的利益而忽视了将来的发展（马姝和崔绍忠，2004）。

（二）时间性和空间性

知识产权的特征决定了高技术企业开放式知识产权管理系统的特征，知识产权具有时间性和空间性的特点，因此高技术企业开放式知识产权管理系统也有这方面的特性。例如，某高技术企业知识产权战略相对应的知识产权权限到期或因故提前终止，知识产权开发、知识产权运营等子系统就应随之反应，及时对知识产权战略进行调整；另外高技术企业在制定知识产权管理系统的具体细节和做出内部调整的时候应考虑到知识产权所处空间的地域性，灵活运用知识产权转让与交叉许可等方式积极开拓国际市场。

（三）从属性

高技术企业开放式知识产权管理系统从属于高技术企业总体发展战略系统，知识产权管理也是企业战略管理的一个重要组成部分，因此，高技术企业在制定自主知识产权管理系统时应充分考虑企业整体战略管理系统的定位，从高技术企业知识产权发展的全局出发，同时以关联的视角处理知识产权管理系统和其他企业战略系统的关系，不应孤立地看待知识产权管理系统（杨莹，2009）。

（四）实用性

高技术企业开放式知识产权管理系统是高技术企业开拓市场、取得市场竞争优势、实现既定目标的经营战略管理系统，高技术企业知识产权战略的目标主要是提高高技术企业市场竞争能力，战略管理系统应在知识产权相关法律制度的监督和指导下，按照实际市场需要和高技术企业竞争战略的要求，开发、保护、协调和有效运营知识产权客体，因此高技术企业开放式知识产权管理系统应具有很强的实用性。因此，企业知识产权管理系统的制定与完善应将知识产权制度的特点、企业研发特点、市场运营特点和商业化经营模式有机结合。

（五）开放性

知识产权管理系统具有特定的地理范围和弹性的开放边界，与内外环境存在着输入、输出的开放关系，关系程度是决定系统能否与外部进行信息能量交换的关键。在经济全球一体化和科技创新一体化的潮流推动下，各国知识产权管理活动逐步深入融合和重叠，知识产权管理全球一体化也渐趋凸显，新的知识产权管理大背景为知识产权管理系统塑造了一个新的外部环境，在此环境下各种知识产权管理要素加速流动，各类型主体通过技术、产品、市场、理念、文化和政策向各个区域或国家的知识产权管理系统渗透知识产权要素，进而激活知识产权管理系统内部活力，强化系统中各个要素、结构部分功能的发挥，推动知识产权管理系统的有序运行和协同发展。

（六）兼容性

高技术企业开放式知识产权管理系统的兼容性特征不仅体现在同知识产权创新主体的资源、技术、信息、知识的兼容和协调，还体现在该管理系统需要同其他具有合作关系的组织在企业知识产权战略层面、企业管理理念等直接影响知识产权绩效的领域保持较高的兼容性，最大限度求同存异，提高知识产权效率。

（七）协同性

知识产权管理系统的协同性主要体现在两个方面：从知识产权管理系统主体来看，完善的知识产权管理系统能够充分协调政府、企业、科研院所主体的功能作用。政府可以通过构建多元化的相关合作平台促进研发机构和企业的合作，提升企业知识产权质量，中介机构可以促进各个主体间及主体与市场的紧密结合，促进科研机构知识产权的产品化。从知识产权管理系统内容来看，知识产权管理不仅要求知识产权开发子系统、运营子系统和保护子系统三者水平的提升，还要求三者协同发展。知识产权开发是前提和基础，知识产权运营是知识产权得以开发并最终实现市场价值的手段，知识产权保护是知识产权开发和运营的保障，三者互相影响、互相促进。

第二节　高技术企业开放式知识产权管理系统构建原则

高技术企业具有其自身特点，因而产生的知识产权管理具有一定的特殊性。结合上述原因，以及在新竞争环境下高技术企业所面临的实际问题，构建高技术企业知识产权管理系统显得极为重要，该系统对高技术企业形成核心竞争力，以及提高知识产权实力、实现可持续发展具有重要的意义，高技术企业开放式知识产权管理系统的构建应遵循以下原则。

（一）综合性原则

高技术企业开放式知识产权管理系统的构建是企业战略管理与企业知识产权管理的基本流程进行战略整合的过程，也是企业内部知识产权管理同外部环境进行交流的过程，这就决定了构建高技术企业知识产权管理系统是一项综合性很强的创新管理活动，需要以全局的视角考虑高技术企业内外部环境、知识产权管理流程等相关要素，从而确保知识产权管理系统的综合性和完整性。

（二）开放性原则

高技术企业开放式知识产权管理系统在构建过程中应遵循开放性原则，其内部知识产权开发子系统、保护子系统、运营子系统之间在构建过程中应协同配合，保证高技术企业知识产权管理系统能同外部环境进行知识信息和物质资源交换，使系统成为一个时刻处于发展变化中的耗散型体系。

（三）可操作性原则

运转、运行效果能够被有效测度和反馈。整体系统内部各个子系统的选择也应结合高技术企业主营业务的实际，渗透到企业日常工作的方方面面，便于高技术企业进行知识产权管理。高技术企业开放式知识产权管理系统在构建时不仅要考虑系统功能性，还要考虑该系统运行时的可操作性，确保各个子系统能够良好运转（李颖，2008）。

（四）灵活性原则

高技术企业开放式知识产权管理系统应在贯彻执行国家知识产权各项法律制度的前提下，要善于结合所处行业的实际情况，将国家知识产权各项法律制度细化和吸收，尤其应灵活运用国家优惠的知识产权政策，并以此为基础构建具有高技术企业自身特色的知识产权管理系统。

（五）持续发展原则

高技术企业开放式知识产权管理系统的构建应从战略管理的角度出发，定位在高技术企业的长期发展目标上，系统的构建过程应抓住高技术企业知识产权的各个环节，着眼于企业维持知识产权核心能力，并努力达到企业内部知识产权资源与企业未来长远经营目标的协调一致，通过对高技术企业组织结构和管理方式等进行一系列的创新，形成具有足够的动态适应能力、能够实现可持续发展的知识产权管理系统（关健鑫，2008）。

第三节 中国高技术企业开放式知识产权管理系统影响因素分析

一、外部影响因素分析

（一）法律制度环境

知识产权法律制度环境给高技术企业带来的影响是非常明显的。如果知识产权法律法规缺乏稳定性和长期性就会使高技术企业行为呈现短期化现象，使知识产权管理系统无法发挥应有的作用；如果知识产权法律法规充分健全，并且相关部门持续提供多种优惠政策，则会刺激高技术企业积极从事知识产权创新活动，使知识产权管理系统能顺利、高效运行。

（二）社会经济环境

国内的社会经济环境直接制约了国家高技术企业的发展，对知识产权管理系统影响深远。高度发达的经济水平为高技术企业知识产权管理系统提供了良好的运作环境，有利于高技术企业进行技术创新和科技孵化，有效缩短高技术企业知识产权研发周期，提升知识产权水平（李建红，2007）。当前，我国经济发展进入新常态，实施创新驱动发展战略成为时代主题，随着营商环境的优化，企业在知识产权创造和运营过程中更具有主动性，这也极大地促进了高技术企业知识产权管理系统的良性发展。

（三）外部知识产权环境

世界范围内的知识产权环境和爆炸性的科技进步都会对高技术企业的发展战略产生重要影响，国际知识产权环境和国家间的关系均会影响中国高技术企业知识产权管理系统的运行效果。除此之外，与高技术企业生产经营有关的新技术、新工艺、新材料的出现也会对高技术企业产生深远影响。

二、内部影响因素分析

（一）知识产权开发影响因素

高技术企业知识产权开发水平在很大程度上取决于企业的软硬件条件及员工素质等，这些均为高技术企业知识产权开发的内部影响因素。知识产权开发资源投入环节中的 R&D 经费投入、科研仪器设备的配置等环节对知识产权开发效果有着重要的影响，是企业知识产权开发的保障；知识产权开发过程受其研发的风险成本控制、相关技术信息的识别和获取、研发人员技术强度等因素的影响，其决定着知识产权开发的效率和运行状况；知识产权开发产出环节受到知识产权研发周期、新产品和实用新型数量、知识产权申请数量等因素影响，这些因素决定着高技术企业能否顺利地将技术优势和人才优势通过知识产权转变为市场的竞争优势。

（二）知识产权保护影响因素

知识产权保护受企业内部知识产权监控水平、内部知识产权协调与合作水平、知识产权风险预警水平和知识产权危机处置水平的影响。知识产权监控过程的影响因素不仅包含共享、学习、创新等环节的动态显性影响因素，还包含数据、信息等静态影响因素；知识产权协调与合作也是知识产权保护水平的重要影响因素之一，能否充分协调知识产权保护和知识共享之间的关系，能否建立通畅合理的交流合作机制，都直接影响知识产权保护的水平；知识产权风险预警工作的好坏也决定了高技术企业是否发生知识侵权或者被侵权的可能，良好的知识产权风险预警工作能够最大程度地降低知识产权被窃取、模仿、抄袭的可能性；知识产权危机处置水平的高低决定了当高技术企业发生知识产权纠纷时，企业能否及时有效地启动相应的处置预案，能否在萌芽状态解决发生的知识产权问题，知识产权危机处置水平是知识产权保护的重要影响因素。

（三）知识产权运营影响因素

知识产权运营主要受知识产权投入量的多少和知识产权运营模式选择的影响，知识产权投入量，如 R&D 经费内部支出、R&D 人员全时当量、新产品开发经费支出等，这些知识产权资源投入量的多少直接决定了知识产权运营效果的好坏和知识产权产量的高低（冯晓青，2011）；高技术企业选择何种运营模式也会对知识产权运营产生重要影响，如将取得的知识产权成果直接转让取得直接收益或进行生产经营获得超额利润，采用何种战略都会为高技术企业知识产权运营效果增添未知。

（四）知识产权协同影响因素

一是企业领导层的支持。企业领导层的支持是基于协同创新的企业知识产权合作的前提和重要保障。离开企业领导层的支持，其知识产权资金的投入、人员的派遣等都将无从谈起，也就不可能开展其知识产权合作（李朝明和黄蕊，2016）。二是政府的支持与引导。基于协同创新的企业知识产权合作需要政府提供强有力的政策支持和引导，政府通过制定相应的法律制度和管理规范，以引领正确的合作方向、规范合作行为、解决合作中的纠纷等问题，为合作创造良好的环境和条件（杜旻，2010）。同时，政府还可在经济和产业发展方向、税收政策、R&D 补贴等方面给予企业引导、扶持和帮助。三是相关法律法规的完善。完善知识产权保护体系是保障企业知识产权合作顺利进行的前提条件（李晶晶和杨震宁，2012）。在基于协同创新的企业知识产权合作中，前期投入的知识产权的保护和后期协同知识创新成果的归属问题一直是合作者关注的焦点。尽管我国合同法中有"约定优先，共有作为法定补充"的原则可循，但现有法律法规在许多执行细节上仍有待完善。四是市场需求的带动力。随着市场细分，企业进一步提高研发能力、开拓市场和新的经营领域，均需以知识产权合作为纽带来组建其战略联盟（王智源和宋伟，2008），而市场需求的大小则最终决定其投资的回报。市场需求的带动力会在很大程度上影响企业在协同创新中对知识产权合作的重视程度和投入力度，进而影响其知识产权合作的程度和效果。

第四节　中国高技术企业开放式知识产权管理系统框架模型

一、高技术企业开放式知识产权管理系统模型

中国高技术企业开放式知识产权活动涵盖了高技术企业主营业务的全部，是一项多

步骤、多层面的复杂性活动，包括知识产权开发、知识产权保护、知识产权运营和知识产权协同，因此，中国高技术企业开放式知识产权管理系统应根据上述过程构建和开展。结合中国高技术企业开放式知识产权管理系统的构建原则及影响因素，高技术企业开放式知识产权管理系统模型如图 4.1 所示。

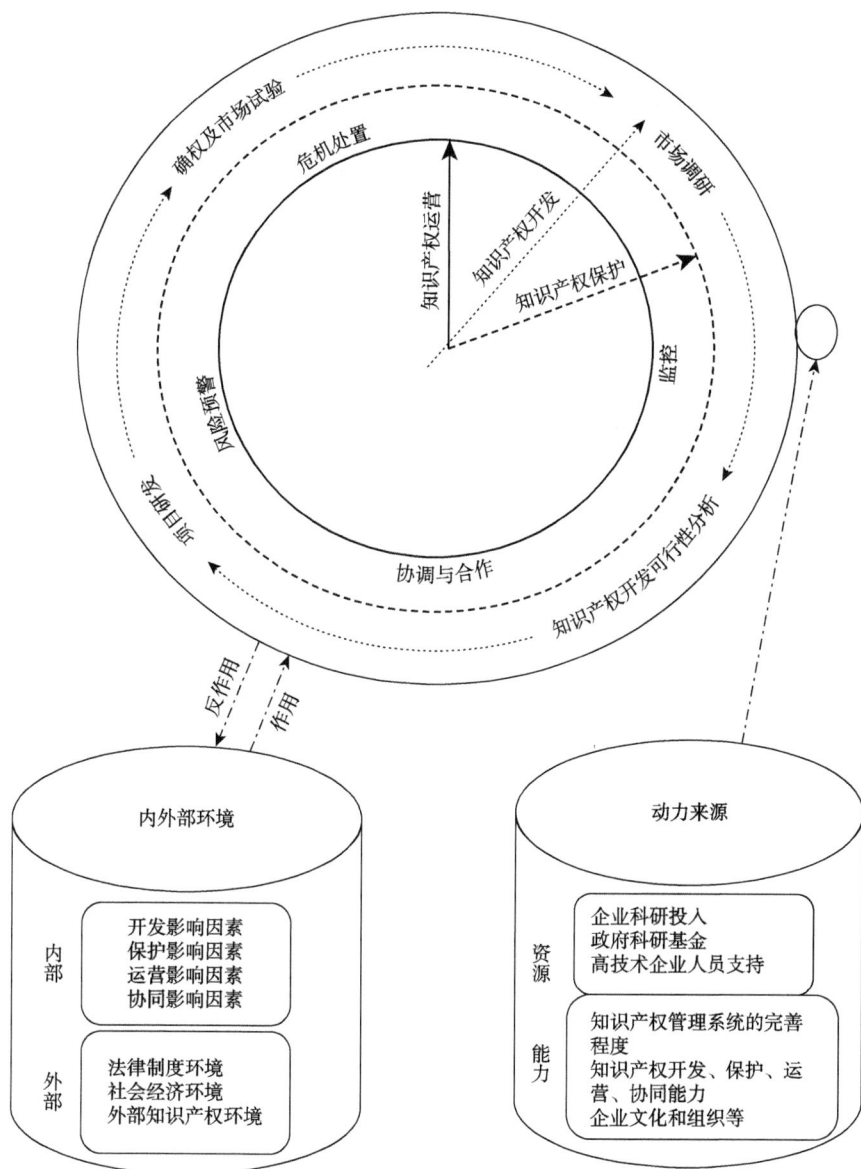

图 4.1　高技术企业开放式知识产权管理系统模型

二、高技术企业开放式知识产权管理系统模型分析

基于知识产权管理系统内涵、主体和特征分析可知，知识产权管理系统包括企业、

科研院所、政府和中介机构等主体，由主体带来的制度、政策、文化与理念等要素，以及知识产权管理活动过程的知识产权开发、保护、运营和协同等环节。因此，开放式知识产权管理系统结构可归纳为由知识产权开发子系统、知识产权保护子系统、知识产权运营子系统和知识产权协同子系统构成的复合系统。知识产权开发子系统是指技术和新产品的研发与创造系统；知识产权保护子系统是指通过知识产权授权保护而得到法律的认可的保障系统；知识产权运营子系统是指通过知识产权的市场交易实现经济效益的价值实现系统；知识产权协同子系统协调企业内部和企业间各方资源，是开发、保护、运行子系统的统筹系统。各个主体要素在子系统内部及系统间进行自由流动和能量交换，带动系统主体行为关系和结构的变化，进而激活系统向前发展。

高技术企业知识产权开发子系统是整体系统的基础，也是企业整体知识产权战略的源头，负责处理高技术企业知识产权从资源投入、资源转换到知识产权产出的全过程，涵盖了资源配置、研发人员选用、激励机制等几方面内容，是高技术企业得以生存和发展的前提与主要经营内容，是高技术企业核心竞争力培育的关键环节。具有较强的知识产权开发能力的高技术企业，能够在激烈的市场竞争中顺利地将其技术优势、人才优势转变为市场竞争优势，高技术企业只有通过知识产权开发的不断创新才能拥有核心技术和自主知识产权，才能拥有具有知识产权的品牌产品（张小虞，2002）。同时，高技术企业的知识产权开发能力也直接决定着企业自身的国际市场竞争能力，高技术企业只有具备了较强的知识产权开发能力才能研制开发并生产出满足国际市场需求的高技术和高质量的产品，才能不断提高企业的国际竞争力，使企业在国际竞争中立于不败之地。

高技术企业知识产权保护子系统是整体系统的保障，具有开放性的特征，需要同外界环境接触进行物质和信息的交流，结合企业内外部的相关信息针对不同的保护对象而采取不同的知识产权保护策略和协作方式，并将相关信息输送到其他子系统进行警示，对整体系统和子系统的异常之处实施相应措施，在完成知识产权保护任务的基础上不断改进保护手段与工作方式，明确下一步的知识产权保护目标，继而开展下一轮具有更高目标和要求的知识产权保护活动。

高技术企业知识产权运营子系统是整体系统的关键，有别于传统企业，高技术企业知识产权运营的重心在于知识产权的战略经营，只有提高知识产权运营能力才能更好地实施企业的知识产权战略（孙惠民，2003），才能完全发掘中国高技术企业的潜能，更快地推动高技术企业整体发展。知识产权运营子系统的职责是充分运用知识产权的相关制度并利用自身的知识产权从而产生市场效益的管理行为，知识产权运营也是高技术企业知识产权管理中的重要环节，是高技术企业进行经济活动的直接目的和首要任务，不仅反映高技术企业的生存能力，还对企业未来的发展方向起到主导的作用。因此，高技术企业知识产权运营子系统对促进中国高技术企业提升知识产权总体水平，提升全国高技术企业知识产权运营能力具有极高的应用价值。

高技术企业知识产权协同子系统是"开放式"知识产权管理系统的体现和表征，由于高技术企业具有高投入、高产出及高风险的特征，知识产权协同显得尤为重要。但从实践层面来看，中国高技术企业知识产权开发、保护及运营一直处于较为重要的地位，知识产权协同普遍得不到高技术企业和相关知识产权从业人员的重视。

　　高技术企业在进行知识产权合作前，必须以契约方式对合作利益的分配方式加以明确规定。一般而言，常用的知识产权利益分配方式有平均分配和按劳分配两种（韩朝亮和恒洋，2010）。这两种方式各有利弊，前者会影响企业协同创新的积极性，导致"搭便车"行为；后者则由于合作各方的投入涉及技术、知识、信息等不易准确评估的知识产权资源价值，增加了分配的难度。因此，为了提高企业在合作中的积极性，必须努力寻求并建立合理的利益协调机制。

　　高技术企业知识产权管理系统能否有效运行取决于各个子系统功能的发挥和各个子系统之间的协同，系统内的各个子系统协调一致、相互合作，在系统良好运行的状态下能够在保证自身运行效率的前提下跨越系统限制，通过各自特有的资源优势，相互配合，协调一致，推动整体系统朝着有序、协调的方向运动。各子系统间的非线性相互作用也能促使整体系统持续不断地向更高级的有序状态演化，最终形成平衡稳态结构，达到企业知识产权的最优配置状态。高技术企业在内外部影响因素的作用下，由于受到内外部环境的影响，其知识产权管理行为也在不断地做出调整来适应环境的变化，高技术企业开放式知识产权管理系统模型如图 4.1 所示：知识产权开发、知识产权保护和知识产权运营分别作为秒针、分针和时针出现在图 4.1 中的表盘当中。表盘由三重刻度组成，分别对应相应的秒针、分针和时针，并且各表盘的刻度均有所不同，而本书所构建的知识产权管理系统中的各个子系统就是按照类似"机械表"的运行方式在运转，最终的刻度以高技术企业发展目标为依据。如图 4.1 外层表盘所示，它对应的是"机械表"的秒针，也就是高技术企业知识产权开发子系统，高技术企业知识产权开发是企业维持正常运转、生存和发展的基础与前提，如果知识产权开发过程无法持续、健康地运转，作为分针和时针的知识产权保护与运营是无法进行的。在一个生产周期内，知识产权开发需要经历市场调研、知识产权开发可行性分析、项目研发和确权及市场试验等过程，秒针在旋转的过程中分针和时针也随之进行相应的旋转，也就是说在知识产权开发的同时知识产权保护和知识产权运营工作也相应开展。分针的旋转也带动了时针，代表着知识产权保护对知识产权开发和运营过程的全程监督、控制与保护。由图 4.1 得知知识产权协同则贯穿知识产权开发、保护和运营的全过程，高技术企业知识产权分工协作、接力创新已成为解决企业科技资源分散、个体创新能力不足、科技成果与实际需求脱节等问题的关键因素。该系统的动力来源于该"机械表"的发条，也就是高技术企业在知识产权运营周期前的资源投入和各种知识产权能力。

第三篇　高技术企业开放式知识产权管理子系统及整体系统分析

第五章　中国高技术企业开放式知识产权管理子系统分析

第一节　高技术企业知识产权开发管理子系统分析

一、知识产权开发内涵

知识产权开发是高技术企业开放式知识产权管理极为重要的部分，也是高技术企业战略管理的首要环节，原因在于高技术企业高科技产品要实现收益，无论是进行知识产权商业化生产还是进行知识产权的扩散和转移，都需获得自主知识产权（耿丽辉，2008）；若想在高技术行业取得领先地位，保持技术优势并获得垄断利润，必须在持续技术创新的同时完成相应的知识产权开发，保障长期收益。

高技术企业知识产权开发是高技术企业战略管理的首要环节，也是高技术企业知识产权保护与运营的对象。高技术企业知识产权开发是通过在高技术企业内部形成科技创新的机制，开发出能够取得知识产权的科研成果，以创造企业知识产权资源，把科技创新优势转变为知识产权优势的过程与行为的组合。

二、知识产权开发途径

知识产权开发是企业、科研机构及政府部门等通过人力和物力的投入而进行的具有工商业标记的创造性智力成果产出活动，知识产权开发管理就是通过实施管理行为促进人、财、物的投入，推动知识产权成果的产出，把科技创新优势转变为知识产权优势，最终实现组织经营效益目标。知识产权开发是知识产权战略的重要组成部分，也是知识产权管理系统的首要环节。

高技术企业知识产权开发的本身也是知识产权确权的过程，知识产权开发模式的选择也涉及诸多法律问题，如知识产权泄露、知识产权开发成果的权利归属确认问题等（赵远亮等，2008）。因此，高技术企业在选择知识产权开发模式时，更应结合本企业科研实力、资源存量、企业目标等实际情况，确立符合自身发展要求的知识产权开发途径。高技术企业知识产权开发途径主要有以下三种。

（一）知识产权自主开发

知识产权自主开发依赖于高技术企业自身的技术水平和科研实力进行商业化研发，并将研究成果或其他知识具体应用于某项计划或设计，以生产出新的或具有实质性改进的、享有自主知识产权的材料、装置、产品等（刘春艳和黄丽霞，2005）。知识产权自主开发向企业提出了较高的要求：自主开发模式极其依赖企业自身的资源储备和科研实力；同时自主开发能为企业带来丰厚的利润，企业通过独有开发获得知识产权。

（二）知识产权合作开发

知识产权合作开发是高技术企业同科研院所、高等院校、行业内部其他企业和政府等组织机构，为了克服研发过程中的高额投入和不确定性、抵御外来风险、缩短知识产权的研发周期、应对突发事件的威胁、节约研发成本而进行的有组织的知识产权开发过程，它以合作创新、知识产权开发为目的，以组织中利益分享为基础，以优势资源互补为前提，通过契约或者隐形契约的约束联合行动而自愿形成。知识产权合作开发依赖于契约的遵守与一系列规则的约束，知识产权合作开发能使科研实力较弱的高技术企业通过组织间的合作达成高层次的目标。

（三）知识产权委托开发

知识产权委托开发是高技术企业同科研院所签订委托协议的开发方式，其中高技术企业负责知识产权开发过程中的资金投入，科研院所负责科研，直至技术成果产出（潘林伟，2004）。采用此种开发方式需要特别注重委托协议中相关条款的约定，避免出现知识产权使用权和所有权纠纷。

高技术企业知识产权开发模式如图5.1所示。在知识产权开发机制的作用下，高技术企业根据国内外竞争环境的变化和企业自身知识产权战略的需要，结合高技术企业的实际选择适合本企业发展的高技术企业知识产权开发模式。

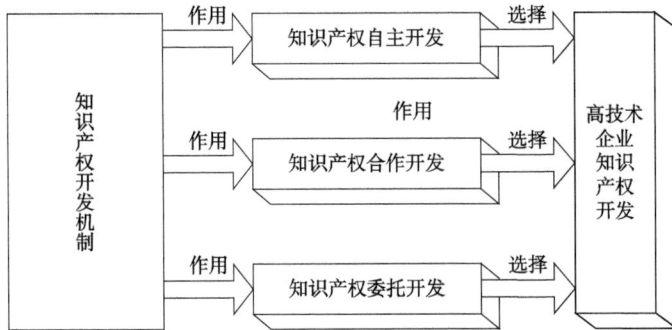

图 5.1　高技术企业知识产权开发模式

第二节　高技术企业知识产权保护管理子系统分析

一、知识产权保护内涵

广义的知识产权保护是指依照现行法律，对侵犯知识产权的行为进行制止和打击的所有活动总和；狭义上是指通过司法和行政执法来保护知识产权的行为。高技术企业知识产权保护是高技术企业为了独占、使用其所享有的高科技专利、实用新型、商标等专有高尖端知识成果而进行的系统的保护行为。有效地进行知识产权保护能促进企业形成技术上的比较优势，防止企业自身的专有技术受到侵犯，高技术企业整体知识产权战略的实施受到阻碍（黄洁，2011）。

高技术企业知识产权保护应是一项保证知识产权在企业内部使用、交流和共享过程中全程安全的系统性工作，涉及知识产权所有权和享有权的利益，其实质不仅在于采取特别的管理手段防止侵权事件的发生，更重要的是通过知识产权保护平衡权利所有者及合作伙伴之间的社会公共利益，既注重保护企业的合法利益，又促进知识产权的传播和扩散（韩玉雄和李怀祖，2005）。

二、知识产权保护步骤

知识产权保护管理的概念从广义层面可概括为根据相关法律法规和制度规章，对侵犯知识产权的行为进行诉讼、制止、赔偿和打击等管理活动的总和；在狭义层面是根据行政执法和司法来保护知识产权的管理行为；在知识产权拥有者层面是相关主体为占有并使用其所享有的专利权、商标权和版权等知识产权成果而做出的保护管理行为。有效的知识产权保护管理，可使相关主体在产品技术领域和市场中具备比较优势，防止自身优势损失。知识产权保护管理子系统结构如图 5.2 所示。

以高技术企业为基础的知识产权保护的步骤主要包括以下三部分内容：企业知识产权保护意识培养、企业知识产权信息精准检索和企业知识产权权利归属。

（一）企业知识产权保护意识培养

培养知识产权保护意识是中国高技术企业知识产权保护的前提。现阶段高技术企业知识产权保护意识普遍淡薄，增加了知识产权保护的难度（贺贵才和于永达，2011）。企业知识产权保护意识淡薄表现在：高技术企业不懂得运用相关法律法规来保护自身的技术创新成果、维护本企业的合法权益；同时有些高技术企业知识产权法律意识相对淡薄，极易在无意之间侵犯其他组织的知识产权，导致法律纠纷。因此，对高技术企业知识产权保护意识进行持续培养已成为知识产权保护的迫切任务。

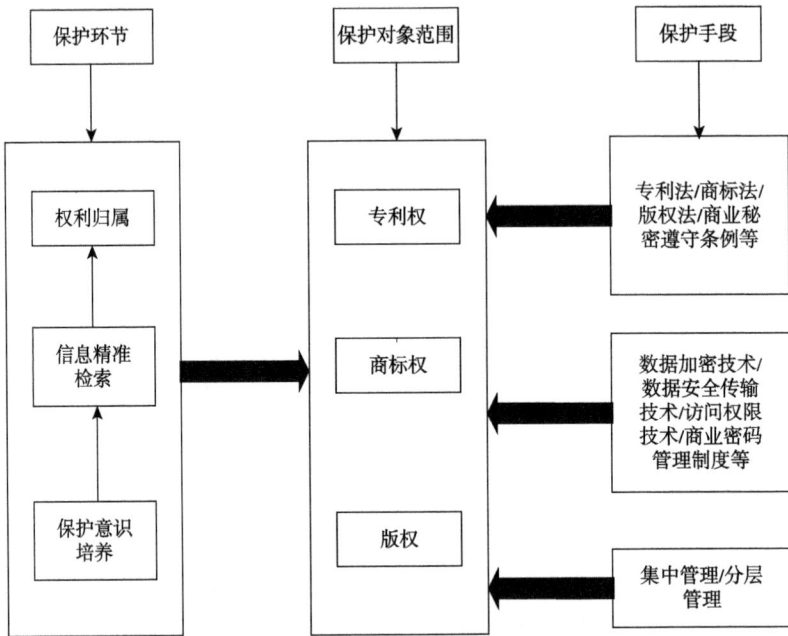

图 5.2　知识产权保护管理子系统结构

（二）企业知识产权信息检索

高技术企业知识产权保护需要建立在对高技术领域和国内外高技术企业的相关知识产权信息检索和掌握的基础之上（王林廷，2004）。因此，中国高技术企业知识产权保护的前提就是企业需要建立知识产权信息情报检索查新制度，进行相关技术领域的知识产权信息情报检索。知识产权信息情报检索可以提高高技术企业知识产权开发的起点，同时能够避免重复劳动和侵犯他人知识产权（吴凯等，2010）。在知识产权信息运行过程中，高技术企业通过相关信息的收集、整理，密切注意高技术企业相关技术领域的发展趋势，在保护自身知识产权的同时，注意合法地使用他人的技术信息资料，一旦取得符合专利申请条件的成果时，应立即申请知识产权从而使成果获得法律上的保护。

（三）企业知识产权价值分配

以高技术企业为背景的高技术企业知识产权保护，必须要有明确的知识产权权利归属。高技术企业应与知识产权开发员工签订知识产权归属合同，明确高技术企业对知识产权的所有权及员工的职责和义务（王肃，2011）。利用企业的物质资源和企业科技信息产出的高技术知识产权成果，其权利都归属企业所有；员工所做出的职务发明也应归属企业所有。明确分配高技术企业知识产权价值，确定知识产权权利归属，可以有效避免人为原因带来的知识产权流失等问题。

三、知识产权保护策略模式

（一）基本专利与从属专利策略

从研发角度看，中国高技术企业科研整体水平与国外高技术企业相比还存在一定的差距，面对新时期下的新形势，中国高技术企业可以在政府的政策支持下，通过收购、控股等手段形成规模效益，整合资源进行高技术研发。对于自主研发的产品，应当及时申请基本专利，高技术企业拥有了基本专利后，便可以通过在基本专利周围设置从属专利以形成严密的专利网，从而达到保护该项核心技术的目的，同时可以有效防止其他企业损害自身权益（宋柏慧和王渊，2011）。中国高技术企业由于科研能力不足，取得基本专利比较困难，可以借鉴他国先进经验，通过在其基本专利周围设置从属专利来迫使其他企业运用交叉许可来清除高科技产品上市的障碍（任嘉嵩等，2011）。

（二）商业秘密策略

商业秘密是指不为其他组织或个人熟知，同时可以为知识产权所有权人带来商业利益和经济价值，具有社会推广前景并经过所有权人保密处理的知识产权信息和经营信息。商业秘密策略也是中国高技术企业可以选择的知识产权保护的一种方式，高技术企业的商业秘密主要涵盖了两个关键要素，即经过保密处理的知识产权信息和经营信息。例如，企业销售策略、企业管理手段、商品供求情报、企业价值链关键环节等企业经营信息；还有如企业设计蓝图、产品核心配方、工艺流程等核心技术信息（徐建中和任嘉嵩，2008）。商业秘密是高技术企业未来生存发展的关键武器，也是一种重要战略资源，如何有效地实施商业秘密策略是很多高技术企业都致力研究的课题，商业秘密策略若得到灵活运用，完全可以成为一种有效的知识产权保护方式（刘旭，2010）。

第三节　高技术企业知识产权运营管理子系统分析

一、知识产权运营内涵

知识产权运营是一种投资大、回报周期长、风险性高的循环往复的全过程管理活动。知识产权作为知识资本必须通过商业化、市场化的运作，转化为产业化的商品和服务，这样才能为企业和消费者带来效用与效益。知识产权运营就是指知识产权的所有者为使知识产权得到充分有效的利用，发挥其最大经济价值和社会价值，推进和实现知识产权的市场转化，实现知识产权使用的经济效益与社会效益而实施的各项工作的总称（吴树山和李焕焕，2012）。高技术企业对知识产权的认识不应仅仅停留在加强知识产权保护和提高防范侵权意识的层面上，更应该注重知识产权运营的能力，将知识产权运营作为高技术企业知识产权战略中的重要组成部分。

二、知识产权运营内容

知识产权运营就是指知识产权拥有者为充分发挥知识产权效用，通过进行知识产权商业化，实现其社会经济价值最大化而实施的各项工作的总称。可见知识产权是市场机制的产物，需具备市场价值，并能进行成果转化，产生社会经济效益。知识产权运营管理就是通过实施一定措施并依托相关政策推动知识产权市场交易，产生经济与社会价值的过程，该过程包括知识产权市场价值识别、市场价值评估和市场价值实现三个阶段，其水平可由知识产权相关产品的市场交易情况和交易获得的市场收入情况进行表征，如图 5.3 所示。

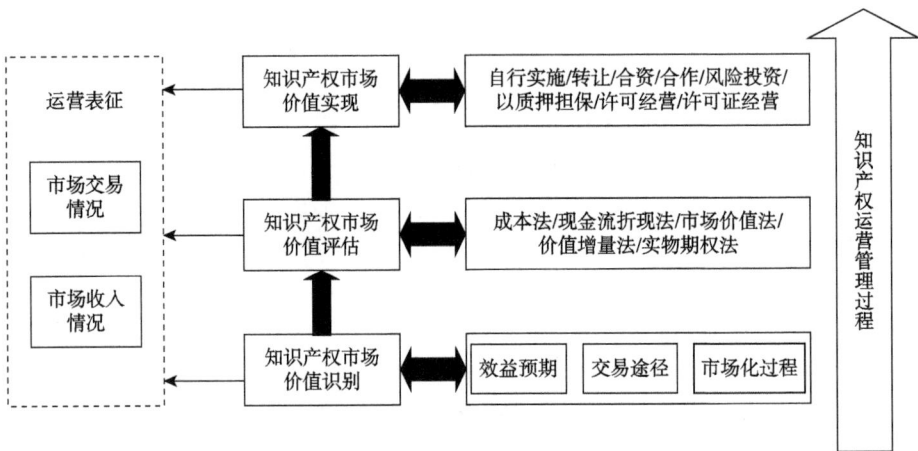

图 5.3 知识产权运营管理子系统结构

高技术企业知识产权运营的实质是运作企业无形资产，实现知识产权的商业化和社会化价值。运营的内容主要包括高技术企业财务目标的制定、知识产权运营机构的设置、知识产权运营模式的选择及知识产权运营活动的具体开展。高技术企业财务目标是高技术企业知识产权商业化、市场化运作最直接的体现，也是高技术企业在知识产权运作方面成功与否的具体体现；知识产权运营机构是从事企业知识产权运营的主体，企业内部的人力、物力、信息、知识等都需要经过知识产权运营机构的整合才能有效实现企业知识产权运营目标；知识产权运营模式是高技术企业根据外部环境和自身发展目标的变化与调整而采取的具体知识产权运营的方式、方法，不同的运营模式决定了企业资源的分配和运营方案的选择，模式选择的适当与否直接关系到企业知识产权运营是否有效（陈梦，2009）；知识产权运营活动的具体开展属于狭义上的知识产权运营，高技术企业运营活动能否顺利、高效进行直接决定了最后的运营效果，因此，高技术企业在开展知识产权运营活动时应注重具体运营方法的执行。

三、知识产权运营模式

（一）商品化运作模式

商品化运作模式是高技术企业知识产权运营的最常用模式。商品化运作是指高技术企业在知识产权开发之后，直接将拥有的知识产权投入到生产环节，进行商品化转化直至生产出新产品并将其投入市场销售的运作模式。这种模式要求高技术企业所开发出的知识产权具有极高的市场前景，并且资金、技术和设备的条件成熟。因此，投产之前的调研就显得尤为重要，此种运营模式适用于具有完备的知识产权战略预期且科研实力强的高技术企业。

（二）专利池模式

企业在享有核心知识产权的基础上进行相应的外围技术开发，同时为新开发出的技术申请专利，确立其法律地位，从而获得一系列专利权，此种知识产权运营模式称为专利池模式。其中，高技术企业中的核心知识产权是指高技术企业根据国际前沿的技术走向和发展趋势，为了保持自身科研水平的竞争力和确保行业中的竞争优势而开发出的具有战略意义的、起决定性作用的知识产权，该项核心知识产权能帮助高技术企业在该技术领域和该行业中顺利发展（黄鹏和查之玲，2004）。

专利池模式的应用需要同高技术企业的长期知识产权战略规划相协调。对于研发能力高低不同的中国高技术企业而言，在运用这种运营模式时应有不同的侧重。科研实力强的高技术企业，如果拥有强大的知识产权开发能力，应把运营的重点放在专利池的完善上来；如果高技术企业的科研水平相对薄弱，则需要设法发现对手的专利空白，阻碍对手完整专利池的形成，从而形成自身的竞争地位。

（三）知识产权有偿转让模式

知识产权有偿转让模式有两种：第一种是出售该项知识产权的所有权，获得资金上的收益；第二种是出让该项知识产权的使用权。无论采取哪种转让模式，最重要的是不能丧失对核心知识产权的控制，自身所拥有的关键性技术不可以轻易转让。

具有雄厚科研、资金实力的高技术企业可以进行知识产权所有权的出让，因为研发和资金能力都相对强势的高技术企业，往往同时拥有较多知识产权，限于企业自身的精力和目标，这些知识产权不可能都被进行有效的商业转化，所以在不破坏企业整体知识产权战略和未来发展规划的基础上，可以转让企业多余的知识产权；如果高技术企业所拥有的知识产权较少，同时亟须资金进行新技术的进一步开发，可以采用转让知识产权使用权的模式，既能够将知识产权商业化运作，又能获得资金收益，扭转现有不利形势。

（四）交叉许可模式

高技术企业所研发的新技术、新工艺具有交替和复杂的特点，企业难以开发出所有的相关技术并形成自有产权，如果企业有实力开发出具有前景的优秀专利，但其他高技术企业的已有专利妨碍了本企业专利的生产运营，这时可以采取交叉许可的运营模式。

交叉许可是企业用自有的专利等知识产权换取其他企业的知识产权的使用权，其实质是一种以技术、知识产权作为交换的运营模式，此种知识产权运营模式在国外高技术企业间较为普遍，高技术企业间常把交叉许可模式作为双方采取知识产权合作策略、避免知识产权纠纷的途径（田高良和董普，2007）。随着高尖端技术领域竞争的加剧，国内高技术企业可以组成技术联盟，对内实行技术交叉许可模式，利用专利手段保护企业自身利益。

（五）知识产权托管模式

现代知识产权制度是融合了法律、经济、科技等多领域的复杂制度，因此企业知识产权的运营需要知识产权专业人才的参与，这就使有些高技术企业很难在短时间内组建出一支高素质的知识产权队伍，影响了知识产权运营效率，在这种形势下知识产权托管的运营模式是一种相对有效的手段。

知识产权托管是高技术企业将已有的知识产权全权委托给知识产权服务机构的运营模式，服务机构为企业提供专业的知识产权服务，具体工作内容包括：协助企业制定和实施知识产权战略、进行知识产权资本运营、协助开发自主知识产权、培训企业人员等。

第四节　高技术企业知识产权协同管理子系统分析

协同是系统中各个子系统及其主体要素相互互动、相互合作和相互协调，形成具有一定功能的自组织结构，在整体宏观上产生时空结构及其有序状态。协同是系统内子系统和主体要素协调合作或同步的联合集体行为，是系统关联整体性的内在表现，表示系统内各子系统、主体要素间为实现共同目标而相互合作、相互依存、相互调整，进而形成的稳定结构。对于一个复杂系统来说，协同既是各子系统及其主体要素间的和谐互补和同步发展，又是系统优化协调和有序稳定的状态（叶伟巍等，2014）。

知识产权协同系统以自组织方式形成，是一种在空间维度、时间维度上开放且功能结构有序的系统，并通过"诊断—修正—完善—再诊断"的循环往复行为得以实现，其实现"诊断—修正—完善"循环过程的时间长短、效率高低受到系统内部要素间相互关联关系和互动耦合关系的影响。根据上述分析，本书将知识产权协同管理子系统的内涵界定为知识产权开发管理、保护管理和运营管理子系统及其包含的各种主体要素、内外部环境与条件间产生的相互关联、相互影响和相互作用等多种信息能量的交换关系，因类似关系进一步优化各主体要素间的行为，促使系统内部子系统、主体要素间和系统与外部环境形成互动耦合、共生协调演进的发展状态。

这些所有的相关关系并非维持在固定的成形状态，而是受到主体行为关系和内外部环境条件的影响，总体上表现出一种动态的协同发展关系。另外，在知识产权管理系统中的子系统和主体要素之间、系统整体和子系统与外界环境间的互动关系中，经常性地存在使系统发展呈现出非协同的矛盾。因此只有根据系统运行内在机制持续地诊断、修正和调节各要素关系，才可保证知识产权管理系统内部要素间的长期协调，进而推动系统整体与各个子系统间的内在一致性发展，最大程度地发挥出系统各部分的功能作用，最终使知识产权管理系统整体上产生原本各个部分独立时所不能发挥的最佳效应。

基于上述分析，高技术企业知识产权协同既包括高技术企业内部各部门之间知识员工通力合作，在激励、奖惩制度等管理方式下各司其职，完成企业既定的知识产权目标，也包括高技术企业之间开展合作创新，进行资源或信息的交互。限于中国高技术企业现有的科技资源，知识产权协同开发、运作是提高企业知识产权研发能力、快速确立市场竞争优势的有效途径。但在知识产权协同的实际操作中，很多企业因知识产权归属、利用问题没有找到合作双方都能接受的方案而未能达成合作，甚至由知识产权纠纷导致合作关系破裂（黄国群，2014）。

知识产权协同是开放式知识产权管理体系的核心，在知识产权协同过程中存在种种困境，主要表现为以下三点：一是具有协作开发潜力的企业因担心知识产权问题而无法开展实质性协作。由于受到对知识产权固有认识的限制，一些企业过分强调对合作中知识产权独占性、排他性的使用，或者缺少知识产权协同管理能力，与存在合作创新潜力的合作方很难走到一起，这种困境实质上也是知识产权理念方面的困境（李潭，2016）。二是受到知识产权协同双方知识产权管理水平的制约，知识产权的协同难以兼顾、平衡参与各方的利益，未能产生较高水平的、有效的激励机制和约束机制，难以保证有效的过程管理，使预期成果难以实现。三是受协同管理理念、方法及不同合作方利益诉求差异等因素的制约，知识产权协同过程中交易成本过高，参与合作创新的合作伙伴因为彼此间缺乏基本信任，以至于需要使用合同对涉及知识产权保密、保护、运用、创造、转换等的众多环节进行详细约定，造成合作成本激增，影响最终知识产权协同效果。

结合高技术产业及企业的地位和特点，理想条件下的高技术企业知识产权协同管理体系应实现两点、三面的协同，具体如图5.4所示。

两点指的是高技术企业内部知识开发、运营、保护全过程中，高技术企业内部应协调、整合企业内部各职能部门的技术能力、资源能力和管理能力，有效利用企业资源、实现资源优化配置，提高知识产权开发及运营效率；高技术企业之间应形成良性互动，以联盟或者合作等形式提高知识产权协同度。

三面指的是在科技创新资源投入时，应实现创新要素和资源在合作高技术企业间流动与共享；在科技创新过程中，实现各参与主体间合作研发、联合攻关；在技术成果或知识产权成果形成后，实现知识产权成果合理分配和共享（李易航，2016）。最终，在企业内部及相关企业之间，实现创新源头的统一规划，创新过程中各参与主体科技基础的有机结合、创新资源的充分有效利用、知识或技术的顺畅转移，从而使协同各方既有分

高技术企业
（知识产权主体）

职
能

技术能力
资源能力
管理能力

部
门

市场配置
机制耦合

市场配置
机制耦合

其他高技术企业
（知识产权协同方）

市场配置
机制耦合

高校、科技孵化中心
（知识产权协同方）

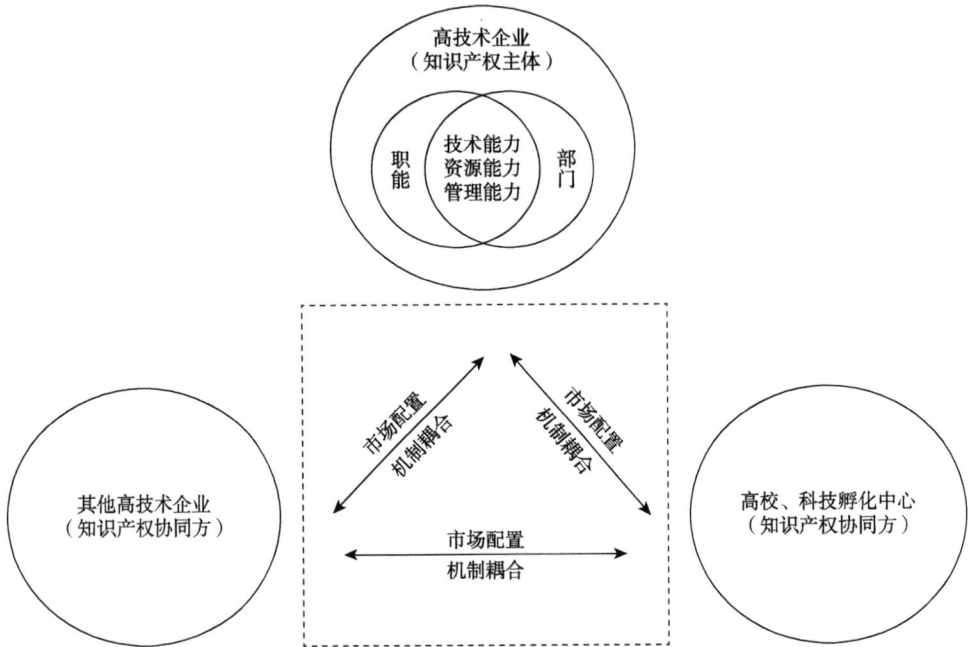

图 5.4　高技术企业知识产权协同理想结构

工又密切协同，形成一批拥有自主知识产权的核心技术。

第五节　知识产权管理系统协同发展的概念模型

根据对知识产权管理系统协同发展相关基础理论的梳理可知，因利益目标的驱使和内外部环境的诱导，企业、科研院所、中介机构和政府等利益主体逐步加入并参与知识产权活动，知识产权管理系统开始具备雏形。在自组织作用机制下，系统内部因主体行为而触发的关系结构及能量沉淀产生的熵增，以及从内外部环境吸收"负熵流"产生的负熵，两者在能量上的矛盾冲突改变知识产权管理系统内部结构、主体要素关系，使知识产权管理系统的发展呈现有序协同或混乱的发展状态，这一系列的状态构成了知识产权管理系统协同发展的形成、加速、稳定和跃迁等四个阶段的生命周期。可见，知识产权管理系统的成长过程是一个在利益目标驱使、各利益主体共同参与，主体要素耦合互动、相互协调和内外部环境能量交换等多种力量的影响下，系统逐步由混乱到有序，直至有序协同发展、层层演进的自组织过程。此过程可通过图 5.5 的开放式知识产权管理系统协同发展概念模型来展现。因此，基于上述分析，为深入剖析知识产权管理系统协同发展问题，依据"认识问题—分析问题—诊断反馈"的研究范式，逐步探讨知识产权管理系统协同发展的原理依据、基础动因、内在过程和结果诊断与反馈等具体内容。

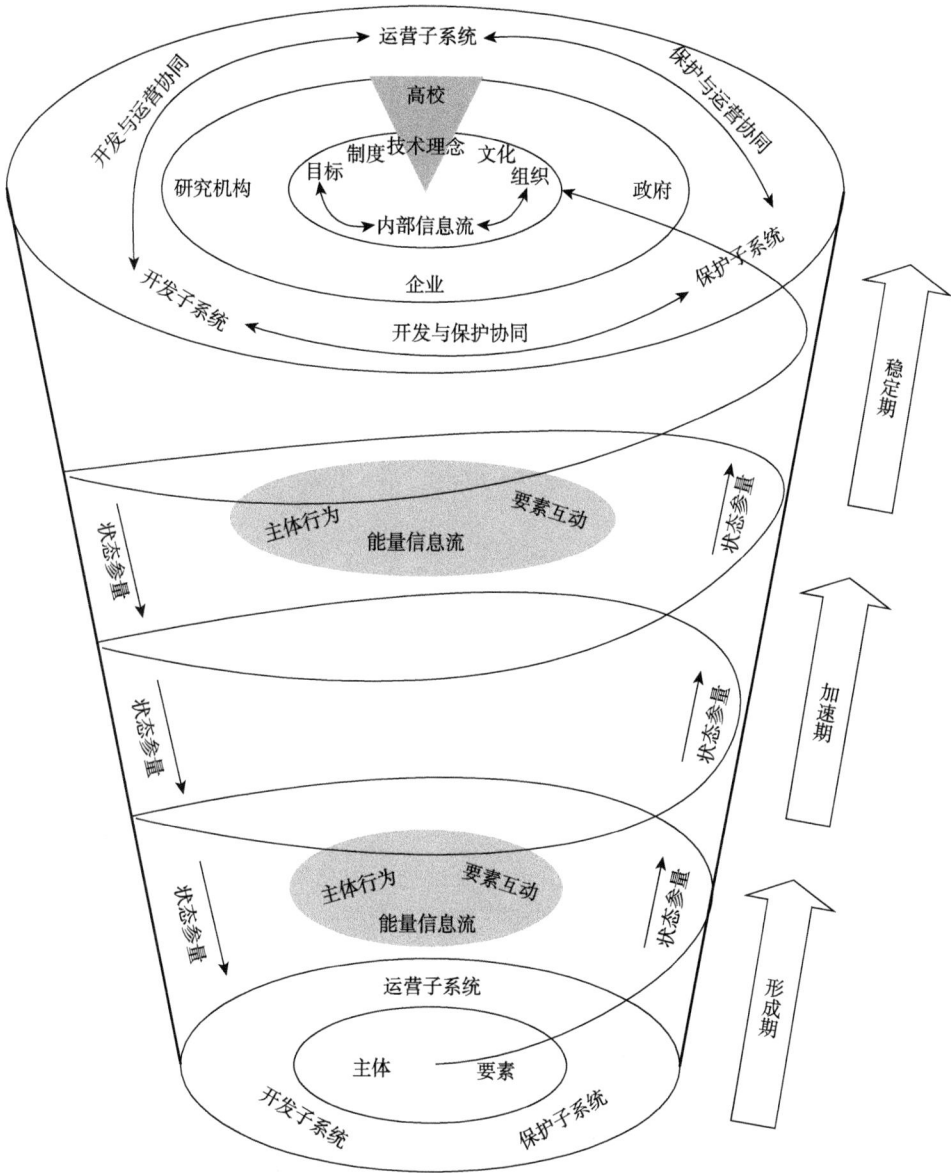

图 5.5 开放式知识产权管理系统协同发展概念模型

第六章　中国高技术企业开放式知识产权管理系统运行机制分析

第一节　高技术企业开放式知识产权管理总系统运行机制

高技术企业知识产权管理系统的顺利运行取决于各个子系统功能的发挥和各个子系统之间的协同，通过建立高技术企业知识产权管理系统运行机制确保知识产权运营系统中的主体跨越组织限制，通过各自在开发、保护、运营、协同等方面的特有资源优势，相互配合，协调一致，推动整个知识产权管理系统朝着合理、有序的方向运动（魏纪林，2001）。各子系统之间的非线性作用关系也能促使系统整体持续不断地向更高级的有序状态演化，最终形成平衡稳态结构，实现高技术企业知识产权的最优配置状态（周明和李宗植，2011）。

高技术企业知识产权管理系统作为一套完整的组织结构，其内部的各个组成部分都有不可或缺的重要作用，各子系统之间相互依存。高技术企业知识产权管理系统运行机制见图6.1。

高技术企业知识产权管理系统的运行受到动力机制、激励机制、约束机制和信息反馈机制的共同作用。动力机制为高技术企业知识产权管理系统的顺利运行提供了可持续的能量，它可分为外部动力机制和内部动力机制。由于战略管理系统在运行过程中同外界环境不断进行物质的交换和信息的交流，市场竞争环境催生出竞争机制、价格机制和供求机制，三者构成了高技术企业外部动力机制；高技术企业因自身发展需要产生了内部动力机制，内外部动力机制共同作用以驱动知识产权管理系统运行。

高技术企业知识产权管理系统的运行也受到激励机制的加速和约束机制的制约（唐杰和周勇涛，2009），有效的激励行为能够充分激发组织中各成员的工作热情，极大地提升各子系统的运行效率。为了确保高技术企业知识产权目标的实现，在激励的同时需要约束机制来规范组织的行为，推动组织不断进行企业自治和自我监督，使知识产权管理系统具有较强的适应能力和生命力，更加符合高技术企业实际需要。

动力机制为高技术企业知识产权管理系统提供了充足的动力，激励机制对系统进行"热调节"，约束机制对系统进行"冷调节"，三者共同作用以确保高技术企业知识产权管理系统平稳运行：以知识产权开发子系统作为开端，开始第一轮知识产权管理活动，

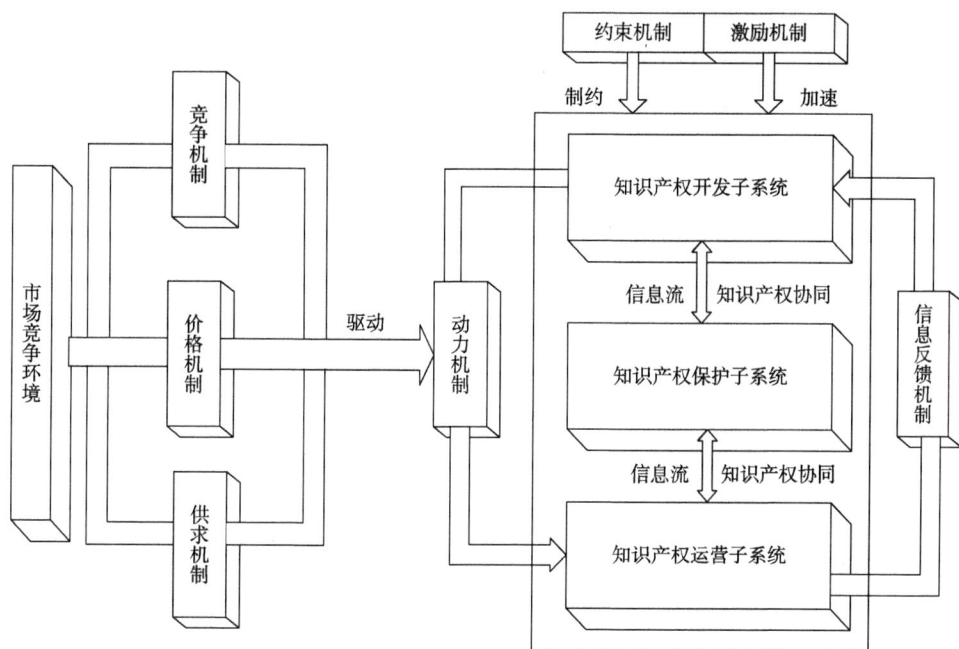

图 6.1　高技术企业知识产权管理系统运行机制

知识产权开发子系统根据高技术企业发展战略制订出本期知识产权开发计划，通过科研活动产出自主知识产权；知识产权保护子系统贯穿始终，不仅需要保证知识产权开发工作的顺利实施，还需要协调知识产权运营环节的工作，对知识产权运营过程中可能存在的风险进行预判和评估，保障知识产权运营工作的顺利开展；知识产权运营子系统负责将新开发的知识产权进行市场化运作，制定具体的经营目标，落实各市场经营部门的工作，确保高技术企业知识产权经营目标的顺利实现（刘志强和张黎，2006）。当本轮知识产权管理系统工作结束后，各子系统运行的相关信息通过信息反馈机制反馈至知识产权开发子系统，使高技术企业在完成既定任务的基础上不断改进知识产权管理系统的工作方式，明确下一步的工作目标，使各个子系统继续工作继而开始新一轮具有更高目标和要求的知识产权管理活动。

第二节　高技术企业知识产权开发子系统运行机制

高技术企业知识产权开发子系统不能自发地运行，需要一定的动力发动、刺激和加速才能运行。这些因素相互作用共同推动和促进知识产权的开发，其中有些动力因素来自高技术企业的内部，以企业的有形资产和无形财富为表象，刺激高技术企业自发完善、改进知识产权开发子系统；有些动力因素源于高技术企业的外部，归属于高技术企业的外部环境当中，从多角度驱动高技术企业的知识产权开发，使高技术企业知识产权开发子系统更具有适应性和发展性。

一、高技术企业知识产权开发子系统运行机制要素分析

相比较传统企业，高技术企业的知识产权开发活动具有投入高、风险高、收入高的特点，企业的创新活动极为频繁，企业的创造能力较强，在整个知识产权生产的环节当中，知识产权的开发是第一步也是最重要的一步，开发工作能否顺利进行并取得应有的效果也制约着高技术企业的整体经营目标。研究高技术企业知识产权开发子系统的动力机制、相互关系，以及这些动力是如何作用于高技术企业自身并驱动其不断进行知识产权研发，有助于企业采取相关措施放大这些动力，更好地激励高技术企业进行知识产权开发工作，提升中国高技术企业的整体知识产权开发水平，优化中国知识产权整体环境，提高中国的综合国力和国家核心竞争力。

（一）高技术企业外部动力因素分析

（1）国际因素。国际经济状况对我国高技术企业的生产经营影响深远，尤其随着我国市场不断对外开放，良好的国际经济大环境能够促进中国外贸出口，便于国内企业吸引外资、增加就业机会，从而刺激消费、增加市场需求，这无疑会驱动高技术企业积极创新，开发所属知识产权，占领市场并获得经济效益。知识产权环境是指国际知识产权相关协定或者法则，如 TRIPS 等，国际上已经形成的法则或者协定对我国知识产权的开发在一定程度上能够起到保护作用，提供一个良好的开发环境。发达国家知识产权水平一方面限制了我国高技术企业知识产权的开发空间，但是另一方面，发达国家知识产权水平为我国高技术企业创新和研发，开发自主知识产权提供了技术支撑和借鉴，推动知识产权开发在良性的道路上发展（万小丽，2009）。良好的国际关系有利于国内外知识和前沿技术的交流，有利于我国高技术企业模仿、学习、改进已有尖端技术，提高我国知识产权的开发能力和效率。

（2）国内因素。国内的生产力状况直接制约着国家科学技术的发展，从而制约国家高技术企业的发展。高度发达的生产力水平为高技术企业知识产权的开发提供了良好的经济和技术环境，有利于高技术企业进行技术创新和科技孵化，能够缩短高技术企业知识产权开发周期，提升开发能力。国家发展战略是国家意志的体现，决定了一个国家的未来，也是国家发展的关键。如果国家发展战略意在科教兴国，施行知识产权战略，提高国家科学技术水平，那么无疑能够极大程度地调动国内高技术企业从事知识产权开发的积极性。政策倾斜能使高技术企业直接获得政府提供的宽松条件或者行业优惠政策，降低高技术企业经营成本，提高高技术企业利润水平，激励高技术企业从事知识产权开发活动（尹作亮和袁涌波，2007）。市场竞争是高技术企业知识产权开发的最主要动力之一，价格机制和供求机制无不直接推动高技术企业进行技术创新、开发知识产权、降低产品成本，通过知识产权优势获取超额利润，因此市场竞争为高技术企业知识产权开发的原动力。相比较传统企业，劳动力受教育水平与高技术企业的联系更为密切，高技术企业知识产权开发受到研发人员个人素质的直接影响，而研发人员的个人素质

是和劳动力受教育水平息息相关的，因此劳动力受教育水平是高技术企业知识产权开发的动力。

（二）高技术企业内部动力因素分析

（1）企业经营目标。无论是企业的长期目标还是短期目标，总的来看企业经营目标都是实现企业利润最大化，高技术企业获得高额利润的直接手段就是借助自身的技术和知识产权优势，因此高技术企业不断追求利润的目标无疑会从企业内部推动高技术企业不断创新，进行知识产权开发，从而获得竞争的优势（马彩虹，2004）。

（2）企业家精神。企业家精神是企业家的特殊技能（包括精神和技巧）的集合，其中的精髓是创新、冒险、合作、敬业、学习、执着、诚信，在高技术企业内部，健全的企业家精神是高技术企业知识产权开发的关键动力。

（3）企业文化。优秀的高技术企业通常具有独特的企业文化，作为高技术企业，更需要以培养员工的创造力为核心，需要形成鼓励创造、赞赏失败的企业文化，鼓励多种思路、发散性思维和较为宽容的企业文化，毫无疑问能够从多方面潜移默化地影响员工的行为，推动高技术企业目标的实现（潘葆铮，2005）。

（4）良好的企业组织。良好的企业组织对于激发高技术企业知识产权开发起着重要的拉动作用：灵活的有机式组织结构，其专业化、正规化和集权化程度比较低，有利于提高高技术企业的应变能力和跨职能工作能力，对高技术企业知识产权开发有着正面的影响，并且更易于使高技术企业进行企业创新。

（5）研发人员水平。人才资源是组织创新的基本保证。创新型组织积极地对其干部员工开展培训和教育，加快知识的更新；同时，职业生涯设计，给员工提供了工作保障，鼓励员工成为创新能手（闫俊强，2007）。一旦产生新思想，创新者会主动而热情地将新思想深化和提高，并克服阻力以确保组织创新方案得到推行。有研究表明，创新型企业家普遍具有自信、坚持、精力充沛和敢于承担风险的个性特征。另外，他们一般处于拥有相当大决策自主权的职位，这使他们能在组织中引入并推行所提倡的组织创新。

（6）企业内部激励状况。企业内部激励一般是指激发企业内部有机体努力追求企业既定目标的行为，其实质是通过把需要、动力、目标三个互相影响、相互依存的要素衔接起来，使企业员工为了满足自身需要，在企业内外部动力的驱动下去努力达到企业目标的整个过程。完备的企业内部激励能够使研发人员在自身能力之外产生额外绩效，为高技术企业知识产权开发子系统提供源源不断的运行动力（周晓和何明升，2007）。

二、高技术企业知识产权开发子系统机制模型

高技术企业知识产权开发的内部动力对企业的知识产权开发起到关键作用，同时，外部动力通过内部动力起作用，共同推动高技术企业知识产权开发顺利进行。有别于内部动力，外部动力的实现需要通过吸收、驱动、转化等过程，强化内部动力，从而实现

其动力效能（李雪茹等，2009）。

在高技术企业知识产权开发的整个过程中，企业的经营目标起着最为直接和核心的驱动作用，作为高技术企业，只有奋起创新，提高自身的科技水平，开发适应市场的知识产权产品，才能获得超额利润。追求利润最大化是任何一个企业的终极经营目标。

在高技术企业的外部动力中，市场竞争环境是使高技术企业产生危机感和知识产权开发欲望的重要动力，一方面，外部的市场竞争环境刺激了高技术企业的发展，提高了高技术企业的危机意识，促使高技术企业优化内部组织结构，形成适合企业自身的文化理念，完善企业激励等保障措施，以便顺畅高技术企业内部沟通情况，激发员工工作热情和提升员工工作水平，最终确立自身的市场竞争优势。另一方面，市场竞争环境的变化决定了当期国家发展战略的调整和实施，尤其进入知识经济时代，国际竞争日益激烈，拥有高技术的国家总能够在竞争中取得先机，我国的发展战略亦是科技、科教兴国，因此在相应政策倾斜和政府扶持的驱动下，高技术企业知识产权开发无疑能够得到很好的推动（孙冰，2007）。

在高技术企业知识产权开发动力机制中，国家的生产力状况也是不可忽视的重要一环，国家生产力发展水平的高低在影响国家发展重心的同时决定了国家的劳动力受教育水平，发达国家的劳动力受教育水平优于发展中国家，而劳动力受教育水平又直接决定了高技术企业研发人员的工作水平和整体素质，从而决定了高技术企业自身的知识产权开发能力。较为发达的生产力状况对高技术企业知识产权开发的促进作用还是十分巨大的（赵东红，2009）。

高技术企业内部的激励能够为高技术企业知识产权开发提供源源不断的活力和动力，因为个体参与知识产权开发的目的就在于满足个人欲望，高技术企业内部的激励机制是能够帮助个体实现这一目的的捷径，实施相应的精神和物质等奖励能够有效地吸引个体向高技术企业经营目标靠近，使个体自发创造欲望，积极地投身于知识产权开发活动之中。在高技术企业创新动力机制中，企业文化也能起到和激励机制相类似的作用。因为个体的行为不仅包含着个人的利益目标，还包含着尊重需要和自我价值实现的目标（张筱，2008）。高技术企业在发展壮大过程中通过创新实践形成的独特企业文化会通过辐射作用影响企业员工的价值观和世界观，使全体员工普遍认同这种文化，形成一股合力，共同投入到知识产权的开发中去，可以说，有利于知识产权开发的企业文化一旦形成，就会产生持久的隐性效果，达到推动高技术企业知识产权开发的作用。

发达国家知识产权水平、知识产权环境、国际关系和国际整体经济状况在宏观环境中与高技术企业相互作用，构成了完整的高技术企业知识产权开发动力机制：发达国家知识产权水平和知识产权环境限定了我国高技术企业知识产权开发的方向与重点，同时给我国高技术企业知识产权开发的整体布局提供了借鉴和参考，也是国家制定知识产权战略的重要依据（吴凯等，2010）。国际关系，尤其是我国和知识产权大国之间的关系能对我国高技术企业知识产权发展的未来趋势与走向产生深远影响；良好的国际关系能够减轻我国高技术企业在知识产权开发上遇到的阻力，缓解国际市场竞争压力，促进我国高技术企业知识产权开发工作顺利、快速进行。国际整体经济状况不仅能够改变市场竞争的格局，还能对我国的战略重心乃至国内企业产生影响；复苏的国际经济环境可以极大限度地促进我国高技术企业的发展，便于国际交流与合作，促进我国高技术企业学习、借鉴发达国家知识产权成果，达到推动我国高技术企业知识产权开发的目的。高技术企业知识产权开发子系统运行机制模型如图 6.2 所示。

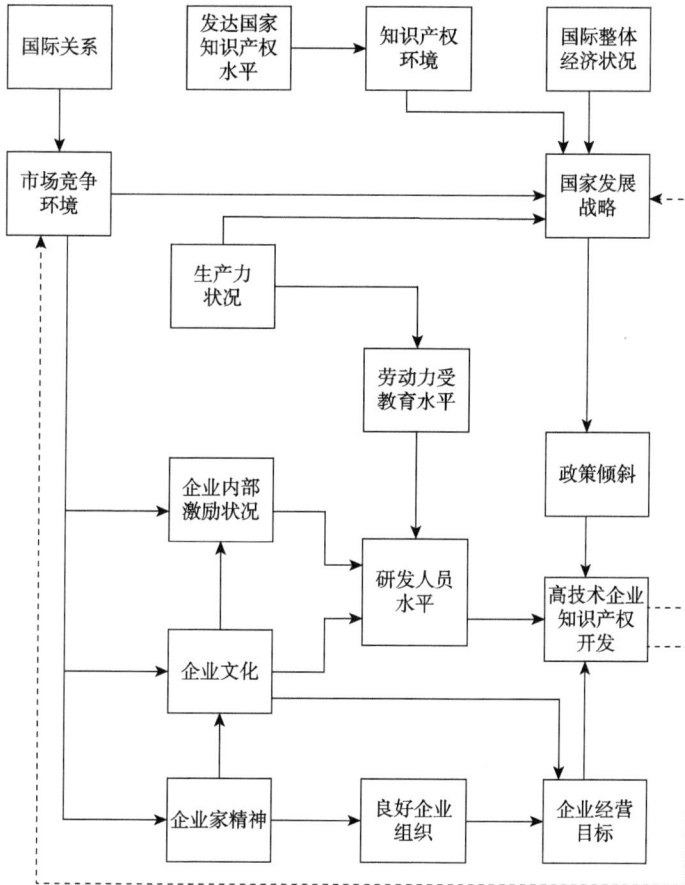

图 6.2　高技术企业知识产权开发子系统运行机制模型

三、高技术企业知识产权开发子系统运行机制

根据图 6.2 所示，我国的高技术企业知识产权开发子系统运行机制中，市场竞争环境和企业经营目标成为高技术企业知识产权开发的动力；企业家精神决定了企业文化，与企业内部激励状况相结合，通过影响研发人员水平而间接地推动了高技术企业知识产权开发（洪勇和吴勇，2011）；生产力状况决定了劳动力受教育水平进而决定了研发人员水平，间接地作用于高技术企业知识产权开发，同时生产力状况又决定了国家发展战略，在政策导向上转化为企业利益驱动力，成为作用于高技术企业知识产权开发的动力；企业家精神对高技术企业知识产权开发的动力具有决定性作用，它能够直接驱动企业主体从事知识产权开发，并通过企业文化的辐射作用和良好企业组织间接驱动企业员工从事知识产权开发工作（周寄中等，2005）。通过各方驱动而得以实现的高技术企业知识

产权开发活动又能够直接反作用于市场竞争环境和国家发展战略及相关环境，进一步加强市场竞争、拓宽高技术企业经营目标的视野，提高国家发展战略要求乃至影响国际知识产权大环境，继而引发新一轮具有更高目标和要求的知识产权开发活动（蒋东生，2008）。

第三节　高技术企业知识产权保护与协同子系统运行机制

为了在最大限度内利用群体智慧提高高技术企业的应变和创新能力，高技术企业应在知识共享和自身知识产权保护之间寻求平衡，一方面高技术企业要充分考虑到知识共享过程中可能对自身知识产权产生的侵权行为，在信息资源共享过程中避免核心知识产权的泄露；另一方面其应在知识产权保护过程中重视同其他组织之间的交流，特别是深层次的知识创新合作。针对上述问题，高技术企业知识产权保护与协同子系统不仅需要保护本身知识产权的安全，还需要保证高技术企业间知识交流的便捷性和安全性。

一、高技术企业知识产权保护与协同子系统运行机制要素分析

高技术企业知识产权保护与协同应是一项保证知识产权在交流和共享过程中全程安全的系统性工作，涉及知识产权出让方和接收方的利益，是高技术企业知识产权保护中的风险管理的重要内容。基于风险管理的过程，高技术企业知识产权保护与协同子系统的构成要素包括知识产权监控、知识产权协调与合作、知识产权风险预警和知识产权危机处置四个方面。

（一）知识产权监控

知识产权监控是高技术企业知识产权保护与协同子系统的屏障，监控内容不仅包含共享、学习、创新等环节的动态知识，还包含数据、信息等静态知识。知识产权监控过程应具有健全性、健康性和有效性的特征，以适应高技术企业的发展要求（牟莉莉等，2009）。健全性是指监控应覆盖高技术企业知识产权管理的全部内容，避免出现监控盲区，相关监控部门要分工明确、各司其职并保证内部及时、有效的沟通；健康性是指承担监管职能的部门应认真履行相关职责，确保监管工作公开、透明、高效进行；有效性是指知识产权监管模式的选择及职能分工应符合高技术企业的实际情况，应与知识创新的复杂程度相匹配，避免监管过严或过松致使企业产生损失（杜晓君和张序晶，2004）。

（二）知识产权协调与合作

知识产权协调与合作是保障知识产权在企业间进行知识和信息共享过程中安全性的关键组成部分，其核心是协调知识联盟中知识共享的完整性和同质性（岳贤平，2011），

高技术企业与其他企业之间的交流和沟通可分两种，即纵向联系和横向联系。纵向联系是指高技术企业在价值链中与上游供应企业和下游分销企业间的联系；横向联系指的是企业与处在价值链同一层次的其他企业发生的联系。知识产权协调与合作涉及上述两种联系。

（三）知识产权风险预警

知识产权风险预警的职能是对高技术企业内外部知识管理过程中的知识扩散风险性进行评估，并在出现知识产权问题前进行预警，其响应范围分别是对外知识产权纠纷和企业自有知识产权保护。

（四）知识产权危机处置

知识产权危机处置是负责处理将发生或已发生的知识产权纠纷，其基本架构是：连接知识产权风险预警子系统，设置相关指示临界线，根据不同的预警级别设置不同层次的处置预案，当有关级别的知识产权预警发出后启动相应层次的处置预案，在萌芽状态解决所发生的知识产权问题。

在高技术企业知识产权保护与协同子系统中，知识产权监控处于统领地位，对该系统运行状况进行监测和调控；知识产权协调与合作是该系统运行的主体，也是被监控的主体对象；知识产权风险预警是在监控主体运行状况达到设定的阈值时对知识产权监控发出预警信息；知识产权危机处置是根据预警级别启动相应的处置方案。各个要素相互依存、关联互动，使高技术企业知识产权在知识共享过程中得到有效保护。

二、高技术企业知识产权保护与协同子系统运行机制模型

高技术企业知识产权保护与协同子系统能否有效运行取决于各个构成要素功能的发挥和要素之间的协同，建立高技术企业知识产权保护与协同子系统运行机制模型引导知识产权保护与协同子系统中的主体跨越组织限制，通过各自在监控、协调与合作、预警、处置等方面的特有资源优势，相互配合，协调一致，推动整个保护与协同子系统朝着有序、协调的方向运动。各要素间的非线性相互作用也能促使知识产权保护与协同子系统持续不断地向更高级的有序状态演化，最终形成平衡稳态结构，使企业达到知识产权的最优配置状态（孙斌和彭纪生，2010）。

高技术企业知识产权保护与协同子系统作为一套完整的组织结构，其内部的各个组成部分都有不可或缺的重要作用，各构成要素之间相互依存，通过协同机制的驱动和作用耦合互动，实现系统的目标。高技术企业知识产权保护与协同子系统运行机制模型如图6.3所示。

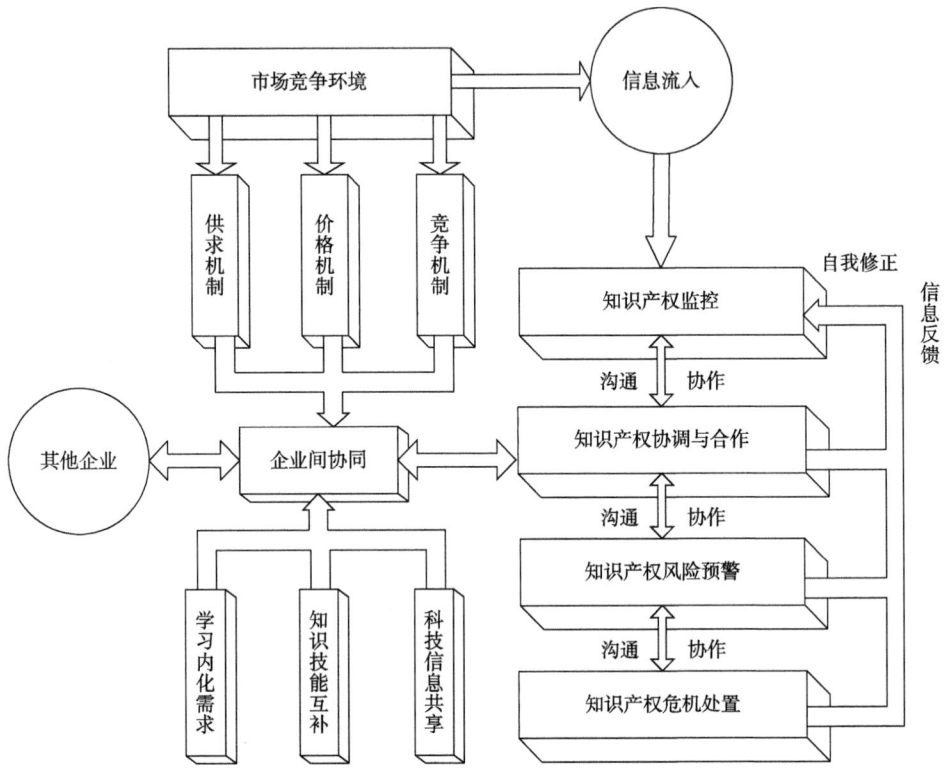

图 6.3　高技术企业知识产权保护与协同子系统运行机制模型

三、高技术企业知识产权保护与协同子系统运行机制

　　高技术企业知识产权保护与协同子系统内部各个组成要素的关联关系如飞机机体的相互作用。知识产权监控是机首，负责监管知识产权保护全局及整体保护战略的实施，为整个保护与协同子系统前进的方向提供引导和政策、技术、服务等支撑。知识产权协调与合作是机身，它贯穿知识产权保护的各个部分，不仅要处理企业之间涉及的知识产权问题，也要充分协调企业内部各个部门的知识产权事务，为高技术企业整体知识产权保护与协同的顺利实施提供坚实的基础和保障。知识产权风险预警是机翼，一方面保护自有知识产权，需要对其他企业可能造成的侵权事件做出预判，避免由知识交流的不确定性导致的自有知识产权泄露（杨皎平等，2009）；另一方面要对企业实施的知识产权战略进行风险评估和预警，防止由战略失当构成对他人的侵权行为，因此知识产权风险预警起到维持知识产权保护与协同系统平稳运行的重要作用。知识产权危机处置是尾翼，在获得知识产权风险预警发出的危机预警时，知识产权危机处置应根据预警的等级做出合理的应对预案，及时修正错误和偏差，把握住知识产权保护与协同子系统正确运行的方向，在这种作用方式下确保高技术企业知识产权保护与协同子系统能够健康有序运行（于兆波，2009）。

　　高技术企业知识产权保护与协同子系统是开放的系统，需要同外界环境接触进行物质和信息的交流，外部环境中的市场竞争环境对企业最为重要（沈莹，2010）。我国的高技术企业受到三大市场机制的驱动，需要不断提高自身的技术创新水平和知识产权管理水平来获得有利的市场地位并创造更多超额利润；另外，企业也会自然产生科技信息共享、知识技能互补等需求，这种需求在某种程度上也激励企业不断提高自己的科技水平，以便增强企业核心竞争力，巩固已有的竞争地位。这两方面原因驱动高技术企业同其他企业进行合作，实现信息资源的共享和相关能力的互补。高技术企业知识产权保护与协同子系统运行机制通过知识产权协调与合作模块作用于知识共享的关联企业，知识产权协调与合作模块根据高技术企业间协同的对象不同而采取不同的知识产权保护策略和协作方式，并将相关信息输送到其他模块；知识产权风险预警模块在接收到信息后即对该项合作进行预判和可行性评估，当达到设定的阈值时对知识产权监控模块发出的预警信息给出相应级别的风险预警；知识产权危机处置模块根据获得的风险预警等级制订适当的处置预案，预防出现知识产权侵权问题（邓少军和朱振达，2007）。在此过程中相关信息将被汇总并反馈到知识产权监控模块，由知识产权监控模块结合市场竞争环境的新动向和发展趋势对其他模块反馈回来的信息数据进行综合分析，对异常系统实施相应措施，在完成既定任务的基础上不断改进监控手段与工作方式，明确下一步的工作目标，使各个模块继续工作继而开始新一轮具有更高目标和要求的知识产权保护与协同活动。

第四节 高技术企业知识产权运营子系统运行机制

一、高技术企业知识产权运营子系统运行机制要素分析

高技术企业承担着国家创新体系建设的重任，应通过持续的技术创新和良好的知识产权运营培育其核心竞争力，形成竞争优势，促进企业结构的调整和优化。在此背景下的高技术企业知识产权运营应是一项保证知识产权在价值增长和转移过程中高效、顺畅运行的系统性工作。结合高技术企业经营特点及知识产权运营过程，高技术企业知识产权运营子系统的构成要素主要由以下四方面构成：知识产权运营方案决策、知识产权运营方案执行、知识产权运营保障和知识产权运营信息反馈。

（一）知识产权运营方案决策

知识产权运营方案决策是高技术企业知识产权运营子系统的关键和核心构成要素，是统领其他要素的行为，决定着高技术企业生产经营活动的成败。高技术企业必须根据周围环境的变化，结合自身的需要及未来的发展方向提出最优的知识产权运营方案，需要根据实际情况在知识产权转让、知识产权许可经营、知识产权合资合作等多种知识产权运营方案中确定备选目标，在确定备选目标的基础上对可行的知识产权运营方案进行论证和评价，并遵循科学性和经济性的原则进行决策，从而确定最优方案。

（二）知识产权运营方案执行

知识产权运营方案执行是高技术企业知识产权运营子系统的主体构成要素，在切实可行的运营方案制订出来以后，各市场经营部门应明确经营目标，在论证已有知识产权的生命周期和市场发展前景的基础上制定高技术企业现阶段的知识产权经营战略，运用适当的经营手段开展知识产权运营活动，执行既定运营方案，确保高技术企业知识产权经营目标的顺利实现。

（三）知识产权运营保障

知识产权运营保障是高技术企业知识产权运营子系统的支撑要素，高技术企业知识产权运营过程中的各项工作都需要良好的保障和支撑，如企业生产经营制度的规范、企业运营机构的完善、企业知识产权运营方案的优化、高技术企业员工的积极性的提高、高技术企业之间和企业内部各方面关系的协调等，知识产权运营保障能够通过不断优化和控制高技术企业团队的行为达到提升高技术企业知识产权运营效果的目的。

（四）知识产权运营信息反馈

知识产权运营信息反馈是高技术企业知识产权运营子系统的风向标，高技术企业应对本经营周期内的相关运营信息进行汇集和统计，并结合市场竞争环境的新动向和发展趋势及本周期内的知识产权运营情况对其他构成要素反馈回来的信息数据进行综合分析，并将其最终反馈至知识产权运营方案决策的要素中，以便知识产权运营方案决策在完成既定任务的基础上不断加强和改进决策工作，继而开展新一轮具有更高目标和要求的知识产权运营活动。

二、高技术企业知识产权运营子系统运行机制模型

高技术企业知识产权运营子系统能否有效运行取决于各要素功能的发挥和各构成要素之间的配合，通过建立高技术企业知识产权运营子系统运行机制确保知识产权运营子系统中的主体跨越组织限制，通过各自在决策、执行、保障、反馈等方面的特有资源优势，相互配合，协调一致，推动运营子系统朝着合理有序的方向运动。各构成要素之间的非线性作用关系也能促使知识产权运营子系统持续不断地向更高级的有序状态演化，最终形成平衡稳态结构，使高技术企业知识产权运营达到最优配置状态。

高技术企业知识产权运营子系统作为一套完整的组织结构，其内部的各个组成部分都有不可或缺的重要作用，各要素之间相互依存，通过动力机制、约束机制和运转机制的驱动与作用耦合互动，实现系统的目标。高技术企业知识产权运营子系统运行机制模型如图6.4所示。

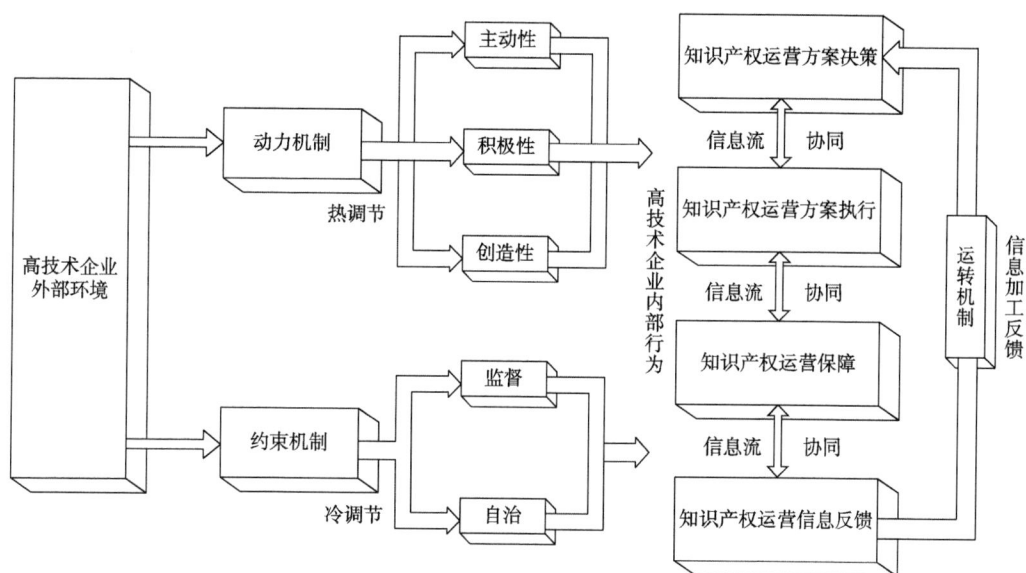

图 6.4　高技术企业知识产权运营子系统运行机制模型

三、高技术企业知识产权运营子系统运行机制

作为高技术企业内部经营行为，高技术企业知识产权运营子系统中的各构成要素关联关系如汽车机体的相互作用：知识产权运营方案决策模块是方向盘和档位，负责制定高技术企业知识产权运营整体战略和相应的方案，为知识产权运营子系统指明前进的目标和运行的强度；知识产权运营方案执行模块是油门，是知识产权运营方案的执行者和操作者，为高技术企业知识产权运营子系统的顺利运作提供直接的能量和动力；知识产权运营保障模块是离合器，需要对知识产权运营子系统在运作过程中可能发生的危险事件做出预判，避免某个模块工作失误导致知识产权运营失败，它需要针对整体系统的运行情况及时做出适当反应，确保知识产权运营子系统平稳、高效运行；知识产权运营信息反馈模块是可视化仪表盘，负责汇集其他模块的运行信息，在整理和分析相关信息的基础上将最终运营结果和下一步运营建议反馈至知识产权运营方案决策模块，以促成更有效的知识产权运营活动。

高技术企业知识产权运营子系统在运行过程中同外界环境不断进行物质交换和信息交流，在高技术企业外部环境的作用和影响下，由于高技术企业自身发展的需要及市场竞争的驱动，高技术企业知识产权运营子系统受到动力机制和约束机制的影响。动力机制为高技术企业知识产权运营子系统的运行提供了能量输出，充分调动与发挥高技术企业知识产权运营参与者的积极性、主动性和创造性，不断驱动高技术企业进行技术创新，提升自身运营能力。动力机制是高技术企业知识产权运营子系统的"热调节"。约束机制控制和调整高技术企业知识产权运营子系统的行为，使之适应外界环境的变化以求得生存和发展。通过约束机制高技术企业不断进行企业自治和自我监督，使高技术企业知识产权运营子系统具有较强的适应能力和生命力，更加符合高技术企业实际需要。约束机制是高技术企业知识产权运营子系统的"冷调节"。在动力机制和约束机制的双重调节下，高技术企业知识产权运营子系统通过自身运转机制逐步实现知识产权运营。以知识产权运营方案决策模块作为开端，开始第一轮知识产权运营活动。知识产权运营方案决策模块根据高技术企业长短期运营目标和企业发展战略选择对运营方案进行决策，并将相关决策结果输送到知识产权运营方案执行模块；知识产权运营方案执行模块在接收到决策信息后立即组织相关部门对既定的决策方案制定具体的经营目标，落实各市场经营部门的工作，确保高技术企业知识产权经营目标的顺利实现；知识产权运营保障模块贯穿上述各个环节，协调知识产权运营全环节的工作，对知识产权运营过程中可能存在的风险进行预判和评估，保障知识产权运营工作的顺利开展；最后由知识产权运营信息反馈模块将其他模块收集到的信息数据进行综合分析，并将其最终反馈到运营方案决策模块，使高技术企业在完成既定任务的基础上不断改进知识产权运营子系统的工作方式，明确下一步的工作目标，使各个子系统继续工作继而开始新一轮具有更高目标和要求的知识产权运营活动。

第四篇　高技术企业开放式知识产权管理系统评价及政策建议

第七章 中国高技术企业开放式知识产权管理系统运行效果评价指标体系构建

影响中国高技术企业知识产权管理系统运行效果的因素种类非常繁多，只有从科学的视角多角度构建评价指标，才能准确地反映出知识产权管理系统的运行效果，同时高技术企业知识产权管理过程中的特性和传统企业相比具有独特性。因此，只有采用客观、科学的评价方法，建立合理的指标体系，才能准确地对高技术企业知识产权管理系统进行评价与判断。本章运用群组决策特征根法（group eigenvalue method，GEM），对初选评价指标进行重要性识别，筛选出重要指标，构建出精简、科学、合理的高技术企业知识产权管理系统评价指标体系。

第一节 高技术企业开放式知识产权管理系统评价指标建立

影响中国高技术企业知识产权管理系统的因素多且结构复杂，既有能用具体数值反映出来的定量指标，也有诸如用能力、水平等描述的定性指标，只有从多角度和多层面来建立评价指标体系，才能科学、准确地反映出高技术企业知识产权管理系统的运行状况和适用情况。同时，高技术企业知识产权管理区别于传统企业知识产权管理，有其独有的特征和适用环境。通过第六章对高技术企业知识产权管理系统及各个子系统进行分析，本章运用 GEM，分别从各个子系统出发，对初选评价指标进行构建和筛选，构建出高技术企业知识产权管理系统评价指标体系。

一、高技术企业知识产权管理系统评价指标体系设计原则

构建高技术企业知识产权管理系统评价指标体系应充分借鉴系统论的思想与方法，将高技术企业知识产权管理系统评价指标体系逐层分解，以此来综合评价知识产权管理系统的运行情况。指标体系的设计是否合理直接决定了评价结果的优劣，为保证评价结果的全面性、准确性、客观性和科学性，高技术企业知识产权管理系统评价指标体系的设计应遵循以下原则。

（一）科学性原则

科学性原则是确保高技术企业知识产权管理系统评价结果科学合理的基本原则，评价结果是否真实、客观，不仅依赖其指标设计得是否科学，还依赖其评价标准和评价程序是否科学（李洋，2010）。在设计高技术企业知识产权管理系统评价指标体系时，应以现代企业管理理论及知识产权管理相关理论为基础，使建立的评价指标体系科学、客观、便于实施，既要能反映出高技术企业知识产权的内涵特征，又要做到各指标之间协调统一。

（二）系统性原则

知识产权管理系统本身就是一个多层面、多结构的系统性统一体，在指标的选取过程中要重视各指标之间清晰和相互独立的含义，以及法理、经济、管理等方面的联系，尽可能全方位反映出知识产权管理的全过程。因此，要从系统论角度出发构建出完备的评价指标体系，对中国高技术企业知识产权管理系统的运行状况做出全面反映。

（三）可比性原则

知识产权管理系统所选取的评价指标应尽可能标准化，且相互可衡量和比较，这样评价指标体系的建立才具有实用价值和现实意义。指标选取过程中应充分考虑到不同企业间的统计指标的差异，在指标的甄别上应保证统计口径和范围的一致性，以确保指标的可比性。

（四）可操作性原则

中国高技术企业知识产权管理系统评价指标的设计应简明扼要、界定明确，需要考虑到比较分析和综合评价的功能性、数据资料提供的可能性，评价指标体系所需资料应易于收集，尽可能为实证分析提供便利。因此，中国高技术企业知识产权管理系统评价指标的选择，既应充分考虑在微观层面上是否具有广泛的数据作为基础，确保指标数据的来源顺畅，还应考虑统计数据的真实性和操作程序的便捷性，同时要保证指标之间相对独立，防止不同指标之间出现含义上的交叉，降低甄别能力。

（五）定性与定量相结合原则

在对中国高技术企业知识产权管理系统评价指标的选取上，应遵循定性与定量相结合的原则，定量指标主要反映规模、经济等方面的数据；定性指标主要反映经验、特点的难以量化的数据。由于高技术企业知识产权管理系统的特点和现有数据资料的现状，专家评议打分、问卷调查等方法将定性指标定量化，更能科学反映其知识产权管理能力

（谢朝阳等，2009）。

二、中国高技术企业知识产权管理系统评价指标体系设计框架

中国高技术企业知识产权管理系统是多层次的复杂动态系统，我们只有全面、系统地设计评价指标体系，才能使其准确地反映出知识产权管理系统的实用性。中国高技术企业知识产权管理系统由知识产权开发子系统、知识产权保护子系统、知识产权运营子系统和知识产权协同子系统构成，按照相应的层级结构建立中国高技术企业知识产权管理系统评价指标体系的基本框架（吴雷，2010）。

（一）总目标层

总目标层反映中国高技术企业知识产权管理系统的总体情况，是中国高技术企业知识产权管理系统评价的综合指标，其能够预测和分析中国高技术企业知识产权管理的水平。

（二）分目标层

将中国高技术企业知识产权管理系统的评价目标进一步分解，分为中国高技术企业知识产权开发子系统、保护子系统、运营子系统和协同子系统四个分目标层。

（三）准则层

准则层的分析主要用于中国高技术企业知识产权管理水平的评价中，如将中国高技术企业知识产权保护子系统进一步分解为知识产权监控、知识产权协调与合作、知识产权风险预警和知识产权危机处置等部分。

（四）指标层

采用具有可比性、可获得性、可衡量性的指标或指标群，对判断层的每一个状态进行分析，对其数量表现、强度表现、状态表现予以直接度量，对定量指标采用单指标合成算法，对定性指标采取利克特量表（Likert scale）打分并进行评价。

三、中国高技术企业知识产权管理系统初选评价指标体系构建

通过上述研究发现，高技术企业知识产权管理系统是一个内部相互关联、综合性强的有机结构。如何科学、客观、有效地评价高技术企业的知识产权管理效率，对于弄清高技术企业知识产权管理现状，明确优势与劣势，选择正确的知识产权战略具有十分重要的意义。高技术企业知识产权战略管理系统受多种因素的制约，我们只有从多个角度

和多层面来设计评价指标体系，才能准确反映其知识产权管理现状。关于高技术企业知识产权管理系统评价指标体系的相关研究较少，对于一般企业知识产权管理系统评价指标的选取，不同的学者在指标选择过程中往往由于研究角度和关注重点的不同而选择不同的指标体系，本书在参考大量文献的基础上选取了几种代表性观点，见表7.1。

表7.1 学者对于高技术企业知识产权管理系统评价指标的观点分类

文献	所持观点
肖志刚（2006）	企业知识产权管理应包含三个层面：知识产权价值创造层面、知识产权价值运用层面、知识产权价值整合层面
陈劲和王方瑞（2006）	我国企业自主创新知识产权管理系统包括知识产权创新、知识产权保护和知识产权扩散。知识产权创新阶段是以获取发明和创新成果为主要目的；知识产权保护阶段是以知识产权的形式化和显性化为主要目的；知识产权扩散阶段是以社会利益最大化为主要目的
李颖（2008）	知识产权战略管理体系是对企业知识产权形成、保护、发展和价值运营制定的长远的战略性规划，同时整合了企业的知识产权资源
杨莹（2009）	企业自主知识产权状况评价指标体系应由两个层级，即4个一级指标和14个二级指标构成。其一级指标主要分为企业专利状况、企业创新状况、企业专利应用状况、企业知识产权管理与保护状况四个方面
李明星（2008）	企业知识产权管理系统由5个一级指标和14个二级指标构成。一级指标分别为知识产权管理结构、知识产权信息系统、知识产权研发和运用、知识产权保护、知识产权激励机制；二级指标有R&D投入强度、专利商标增长率、专利预警系统等
马慧民和王鸣涛（2009）	高科技企业知识产权综合实力评价指标体系包括知识产权申请类指标(专利申请量、专利对外申请量、发明专利申请量)、知识产权授权类指标（数量类指标，即专利授权数量、专利授权率、发明专利授权量、注册商标数量、其他知识产权数量；质量类指标，即专利的技术强度、发明专利第 n 年存活量、发明专利平均寿命）、知识产权实施类指标（专利实施数量、专利实施率)和知识产权收益类指标（知识产权收入、知识产权收入占企业总收入的比重）
刘驰（2009）	企业知识产权管理系统的评价主要由企业文化、人才素质、知识产权管理信息化程度、知识产权经营、知识产权授权量、知识产权机构与制度、领导层知识产权意识这七个二级评价指标构成
罗群燕（2016）	知识产权管理绩效可从素质绩效、行为绩效和结果绩效三个维度构建。素质绩效从人力资源、知识产权资源、资金资源、基础实施、投入要素的匹配度、合作观念、组织文化、知识产权合作机制八个方面来考虑；行为绩效可从各成员的参与情况、沟通情况及核心企业对合作过程的管理情况来考虑；结果绩效可从知识产权任务要素和成长要素两个方面考虑
冯晓青（2010）	可以从知识产权创造、保护和运用三个维度来衡量企业知识产权管理体系，知识产权管理的目的在于扩大三个维度的正效应，遏制其负效应
顾征（2017）	知识产权管理系统可从知识产权规章制度、知识产权组织建设和知识产权战略三个维度入手
周永梅（2016）	强调在知识产权管理系统中增加知识产权协同和共享内容，知识产权协同和共享应由知识产权归属划分、知识产权风险监控系统构建、知识产权价值评估体系构建与知识产权协同主体诚信审查四个维度构成
杨早立（2016）	可以从知识产权开发、运营和保护三个维度来衡量企业知识产权管理体系，但在各个维度之间，应存在知识产权管理系统的协调发展机理

从高技术企业知识产权管理系统的构建原则出发，根据所构建的高技术企业知识产权管理系统和战略管理系统评价指标体系设计框架，同时考虑到高技术企业的特性、所选取指标的可获得性和可测度性，结合大量文献和相关专家学者建议，构建出中国高技术企业知识产权管理系统初选评价指标体系，这套初选评价指标体系由4个层次、14个方面和95项指标构成，如表7.2所示。

表 7.2　中国高技术企业知识产权管理系统初选评价指标体系

一级指标	二级指标	三级指标
知识产权开发子系统	知识产权开发环境状况（A_1）	知识产权法律法规的完善程度（a_{11}）
		政府政策的扶持力度（a_{12}）
		相关部门的工作效率（a_{13}）
		高技术企业入行难易程度（a_{14}）
		金融机构对高技术企业的信贷取向（a_{15}）
		国家年度科研经费支出（a_{16}）
		社会人才创新教育水平（a_{17}）
		国家经济发展水平（a_{18}）
		高技术产业孵化区的水平规模（a_{19}）
		科研人才规模（a_{1a}）
		企业文化氛围（a_{1b}）
		企业的技术地位（a_{1c}）
	知识产权开发资源投入（A_2）	R&D 经费占企业利润百分比（a_{21}）
		R&D 人员数占企业总人数的百分比（a_{22}）
		R&D 经费占企业支出百分比（a_{23}）
		科研技术人员的层次结构（a_{24}）
		科研技术人员的激励措施（a_{25}）
		科研技术人员的后期培训情况（a_{26}）
		科研设施的配套情况（a_{27}）
		高校、科研院所的协作情况（a_{28}）
		政府或地方对高技术企业的资金扶持（a_{29}）
		企业家的领导水平和创新意识（a_{2a}）
	知识产权开发过程（A_3）	在研的专利产品数量（a_{31}）
		知识产权研发的风险成本控制（a_{32}）
		专利产品完善与改进的追加投资（a_{33}）
		专利产品的市场预期（a_{34}）
		专利产品的市场运作投资（a_{35}）
		相关技术信息的识别和获取（a_{36}）
		研发人员技术强度（a_{37}）
		企业内部部门的沟通程度（a_{38}）
		企业间信息的协作情况（a_{39}）
	知识产权开发产出（A_4）	知识产权研发周期（a_{41}）
		新产品和实用新型数量（a_{42}）
		专利申请数量占总研发项目比率（a_{43}）
		专利授权成功率（a_{44}）
		论文与专著的发表数量（a_{45}）
		科技（商业）秘密占研发项目比率（a_{46}）

续表

一级指标	二级指标	三级指标
知识产权开发子系统	知识产权开发产出（A_4）	知识产权的市场估价（a_{47}）
		知识产权的更新计划及寿命预期（a_{48}）
		重大科学发现数量（a_{49}）
知识产权保护子系统	知识产权监控（A_5）	知识产权共享环节监控（a_{51}）
		知识产权学习环节监控（a_{52}）
		知识产权创新环节监控（a_{53}）
		知识产权分析环节监控（a_{54}）
		知识产权开发监控（a_{55}）
		知识产权保护监控（a_{56}）
		知识产权运营监控（a_{57}）
		知识产权风险监控（a_{58}）
		企业信息处理环节监控（a_{59}）
		企业信息搜集环节监控（a_{5a}）
	知识产权协调与合作（A_6）	企业间知识产权协调能力（a_{61}）
		企业间知识产权合作水平（a_{62}）
		企业间信息交流频次（a_{63}）
		横向企业沟通有效性（a_{64}）
		纵向企业沟通有效性（a_{65}）
	知识产权风险预警（A_7）	知识产权扩散风险评估（a_{71}）
		知识产权扩散风险预警（a_{72}）
		知识产权侵权风险评估（a_{73}）
		知识产权侵权风险预警（a_{74}）
		知识产权被侵权风险评估（a_{75}）
		知识产权被侵权风险预警（a_{76}）
	知识产权危机处置（A_8）	知识产权风险处置预案设计（a_{81}）
		知识产权风险阈值设定（a_{82}）
		知识产权危机处置响应情况（a_{83}）
		知识产权潜在危机防范情况（a_{84}）
		已有危机处置情况（a_{85}）
知识产权运营子系统	知识产权运营方案决策（A_9）	企业自身条件分析（a_{91}）
		企业未来发展远景规划（a_{92}）
		企业外部相关环境的发展趋势（a_{93}）
		国家知识产权政策导向（a_{94}）
	知识产权运营方案执行（A_a）	知识产权价值评价（a_{a1}）
		知识产权价值实现途径（a_{a2}）
		技术市场成交合同额（a_{a3}）
		高技术企业知识产权转让机制（a_{a4}）

续表

一级指标	二级指标	三级指标
知识产权运营子系统	知识产权运营方案执行（A_a）	知识产权推广情况（a_{a5}）
		新产品销售利润增长率（a_{a6}）
		新产品销售份额增长率（a_{a7}）
	知识产权运营保障（A_β）	企业生产经营制度的规范程度（$a_{\beta1}$）
		企业运营机构的完善程度（$a_{\beta2}$）
		企业知识产权运营方案的优化程度（$a_{\beta3}$）
		知识产权运营人员的业务水平（$a_{\beta4}$）
	知识产权运营信息反馈（A_γ）	企业知识产权运营效果的满意度（$a_{\gamma1}$）
		知识产权运营过程信息搜集的完整度（$a_{\gamma2}$）
		运营信息评价报告的科学性（$a_{\gamma3}$）
		信息反馈渠道通畅度（$a_{\gamma4}$）
知识产权协同子系统	知识产权正式协同渠道（A_η）	企业间规律性开展知识产权交流（$a_{\eta1}$）
		企业间存在各类知识产权合作（$a_{\eta2}$）
		企业间知识产权员工有各类培训活动（$a_{\eta3}$）
		就相关知识产权事项，企业间存在通畅的沟通渠道（$a_{\eta4}$）
		合作双方能各自发挥优势，积极合作（$a_{\eta5}$）
		出现知识产权纠纷，合作双方能够妥善解决（$a_{\eta6}$）
		企业同科研院所合作密切（$a_{\eta7}$）
	知识产权非正式协同渠道（A_ζ）	企业间知识产权员工交流频繁（$a_{\zeta1}$）
		企业间知识产权员工具有类似的知识结构、知识背景（$a_{\zeta2}$）
		企业内部员工间交流频繁（$a_{\zeta3}$）

第二节 高技术企业开放式知识产权管理系统评价指标关键要素识别

一、GEM 基本原理

GEM 是一种依靠专家集体经验、知识与智慧及统计处理的数学决策方法，能够相对便捷、科学地处理问题，数据处理步骤简单，决策过程简捷、方便，并且该方法使用范围较广，能够处理结构和非结构问题（魏云杰和张圣银，2008）。

GEM 属于层次分析法（analytic hierarchy process，AHP）的衍生分支，AHP 是美国运筹学家 T. L. Saaty 等在 20 世纪 70 年代提出的一种定性与定量分析相结合的复合准则决策方法（韩朝胜，2011）。AHP 能将相关决策单元的构成要素分解成目标层、准则层、方案层等，在此基础上将定性分析和定量分析相结合，它把人的思维过程层次化、具体化，并用数学为分析、预报或控制提供定量的依据（许树柏，1988）。

　　AHP 的优势在于能对复杂的决策问题的本质、影响要素及内在联系等方面进行细致分析之后，构建一个层次结构模型，然后利用少量定量信息，把决策的思维过程数学化，从而为求解多目标、多准则或无结构特性的复杂决策问题提供了一种简便的评价方法。在运用该方法的过程中保持判断矩阵的一致性显得尤为重要，但是在多阶判断的情况下极易出现不一致性，因此在实际运用过程中，判断矩阵的不一致性是 AHP 主要的不足之处，同时，调整矩阵使其满足一致性检验的要求也十分复杂。

　　邱苑华教授于 1996 年提出的 GEM 较好地解决了 AHP 存在的上述问题，GEM 是群组专家决策系统对多个被评对象做评判决策的新型特征根法。该方法优于 T. L. Saaty 提出的 AHP（刘有军等，2007），各参评专家只需按习惯方式打分就可轻易得到群体对目标的最优排序结果，避免了 AHP 的两两对比构造判断矩阵时容易发生目标先后不一致性的问题，该方法处理问题更加简捷科学（邱苑华，1997）。

二、高技术企业开放式知识产权管理系统评价指标筛选

（一）群组决策最大特征根法

　　由几个专家组成专家组对选定的被评价对象进行评分，为了综合各专家的意见，最早采用算术平均数的方法，这种方法实际上是考虑专家组中每个专家具有相同的权重；之后变化为去掉一个最高分和一个最低分，对剩下的得分进行算术平均的方法。而经过不断研究，GEM 被认为是最科学合理的，该方法认为专家组中每个专家有不同权重，并按群组决策中专家的各自权重来加权综合。

1. 理想专家模型

　　群组决策最大特征根法是寻找评分向量与群体中各专家 $(S_1, S_2, \cdots, S_m)$ 夹角之和最小的专家，即理想专家 S_*，由各专家组成的 m 个专家群组决策系统 G，评价 n 个对象 $(A_1, A_2, \cdots, A_n)$，第 i 个专家 S_i 对第 j 个被评目标 A 的评分值记为 $x \in [i, j]$ $(i = 1, 2, \cdots, m; j = 1, 2, \cdots, n)$。$x_{ij}$ 的值越大，目标 A_j 越优。S_i 及其群 G 的评分组成 n 维列向量 x_i 和 $m \times n$ 阶矩阵 x。

$$x_i = (x_{i1}, x_{i2}, \cdots, x_{in})^{\mathrm{T}} \in E^n$$

$$x = (x_{ij})_{m \times n} = \begin{pmatrix} x_{11} & \cdots & x_{1n} \\ \vdots & & \vdots \\ x_{m1} & \cdots & x_{mn} \end{pmatrix} \tag{7.1}$$

　　它们是专家和群组在一次决策过程中所做的结论，代表各自对被评价物的估计值（江登英等，2018）。专家的决策水平不仅取决于他们的专业水平、知识结构、经验和综合能力，而且与其决策时的精神状态和偏好密切相关。所以，现实中决策可靠性达最大值 1（或者说决策不可靠性达最小值 0）的专家是不存在的。因此，我们假设一个评价最准

确的（可靠性达 100%）、最公正的、决策水平最高的专家为理想（最优）专家 S_*。理想（最优）专家掌握一定的指标数据，并且有正确的判断力；所有单位是指除了待评价的单位外，还包括不予评价的单位，以及待评价的单位和不予评价的单位的各历史时期的所有各项指标的数据。

我们假设一个评价最准确的（可靠性达 100%）、最公正的、决策水平最高的专家为理想（最优）专家 S_*，他的评分向量为 $x^* = (x_1^*, x_2^*, \cdots, x_n^*)^\mathrm{T} \in E^n$。由于人们总是邀请较高水平的专家，本书定义理想专家为对被评价单位的认识与专家群体 G 有最高一致性的专家，即 S_* 的决策结论与 G 的完全一致，与专家个体间的差异最小（冯源和宋词，2016）。

定义 7.1：具有评分向量与群体中各专家评分向量夹角之和最小的专家被称为该群体的理想（最优）专家。

由定义 7.1 可知，x^* 是满足函数 $f = \sum_{i=1}^{m} (b^\mathrm{T} x_i)^2$ 取最大值时的向量，式中的 $\forall b = (b_1, b_2, \cdots, b_n) \in E_n$，且当 $\|b\| = 1$ 时，即

$$\max_{\substack{b \in E^n \\ \|b\|=1}} \sum_{i=1}^{m} (b^\mathrm{T} X_i)^2 = \sum_{i=1}^{m} (X_*^\mathrm{T} Y_*)^2 \tag{7.2}$$

其中，x^* 为 G 对被评价单位的总评分。

2. 相关定理

引理 7.1：若 n 阶实矩阵 $Q \geq 0$ 为不可约束矩阵，则① Q 有最大正特征根 $\rho_{\max}$，且为单根；② $\rho_{\max}$ 对应 Q 的特征向量可以全部由正分量组成，所有特征向量只差一个比例因子。

显然，我们的评分矩阵 x 构成的方矩阵 $F = X^\mathrm{T} X$ 是符合定理条件的。下面的定理证明了，我们要求的 X^* 就是引理 7.1 中 $\rho_{\max}$ 对应的正特征向量。

定理 7.1：$\forall b \in E^n$，$\max_{b \in E^n} \sum_{i=1}^{m} (b^\mathrm{T} X_i)^2 = \rho_{\max}$ 式中 $\rho_{\max}$ 为矩阵的最大特征根；X^* 为 $\rho_{\max}$ 对应 $X^\mathrm{T} X$ 的正特征向量，且 $\|X^*\| = 1$。

定理 7.2：设 A 是 $m \times n$ 阶矩阵，B 是 $n \times m$ 阶矩阵，则 AB 与 BA 有相同的（包括重数）非零特征值。

定理 7.3：a_0 是 $X^\mathrm{T} X$ 的最大特征值所对应的特征向量，且 $\|a_0\| = 1$，则有 $X^\mathrm{T} a_0 = KX^*$，即 a_0 是 m 个专家的权重向量。

3. GEM 计算方法

首先，需要 G 中的 m 个专家直接对 n 个被评价单位进行打分，则组成的评分矩阵为

$$x = (x_{ij})_{m \times n} = \begin{pmatrix} x_{11} & \cdots & x_{1n} \\ \vdots & & \vdots \\ x_{m1} & \cdots & x_{mn} \end{pmatrix} \tag{7.3}$$

其中，$x \in [i, j]$ $(i = 1, 2, \cdots, m; j = 1, 2, \cdots, n)$ 为第 i 个专家 S_i 对第 j 个被评目标 P_j 的评分值。

其次，将其与其转置矩阵相乘记为矩阵 F，$F = X^{\mathrm{T}}X$，F 的最大特征根对应的特征向量就是最终的评价指标权向量。在精度要求 ε 的条件下，采用数值代数中的幂法可十分迅速地求出理想（最优）专家 S_* 的评分向量 x^*。具体算法如下。

（1）令 $k = 0$；$y_0 = \left(\dfrac{1}{n}, \dfrac{1}{n}, \cdots, \dfrac{1}{n}\right)^{\mathrm{T}} \in E^n$，$y_1 = F \times y_0$，$z_1 = \dfrac{y_1}{\|y_1\|_2}$。

（2）令 $k = 1, 2, \cdots$；$y_{k+1} = F \times z_k$，$z_{k+1} = \dfrac{y_{k+1}}{\|y_{k+1}\|_2}$。

（3）用 $|z_{k \to k+1}|$ 表示 z_k 和 z_{k+1} 对应分量之差的绝对值最大者，判断 $|z_{k \to k+1}|$ 是否小于 ε，若是，z_{k+1} 即所求的 x_*；否则转到第二步骤。

4. 单根与重根的处理

若最大特征根为单根，则根据其对应的特征向量就能得出一个最优解；若最大特征根为重根，同时解出其特征向量空间，则其特征向量空间所对应的那些评价对象同等重要，即并列排名。其他评价对象则根据与第二大特征根对应的特征向量排名（或在评分矩阵中去掉已并列排名的评价对象的评分值，重新建立一个矩阵，然后用上述方法进行评判）（杨瑞含和周科平，2015）。

（二）评价指标筛选

本书以黑龙江省典型高技术企业知识产权负责人、黑龙江省知识产权局、相关科研院所及高校中的研究知识产权的学者和教授为调研对象，共邀请 15 位专家组成评价指标筛选专家组，采用现场访问和发放调查问卷的方式进行调查。为了充分体现知识产权管理系统内部各子系统要素指标的重要程度，采用国内通用的 5 个评分等级，如表 7.3 所示。

表 7.3　专家意见评分等级

重要程度	非常重要	很重要	重要	不重要	很不重要
评分	5	4	3	2	1

由于待筛选的指标体系过多，篇幅有限，本书以高技术企业开放式知识产权管理系统评价指标体系中的一级指标——知识产权运营子系统为例，阐述 GEM 对初选指标的处理方式，通过对专家组的访问和调查得出专家评分表，如表 7.4 所示。

表 7.4　中国高技术企业知识产权运营子系统评价指标专家意见评分表

专家	指标																	
	a_{91}	a_{92}	a_{93}	a_{94}	$a_{\alpha1}$	$a_{\alpha2}$	$a_{\alpha3}$	$a_{\alpha4}$	$a_{\alpha5}$	$a_{\alpha6}$	$a_{\alpha7}$	$a_{\beta1}$	$a_{\beta2}$	$a_{\beta3}$	$a_{\beta4}$	$a_{\gamma1}$	$a_{\gamma2}$	$a_{\gamma3}$	$a_{\gamma4}$
S_1	4	5	4	2	1	3	3	4	3	4	4	3	4	5	2	5	5	3
S_2	5	5	3	3	1	4	3	4	2	4	5	4	4	5	1	4	5	3

续表

专家	指标																		
	a_{91}	a_{92}	a_{93}	a_{94}	$a_{\alpha1}$	$a_{\alpha2}$	$a_{\alpha3}$	$a_{\alpha4}$	$a_{\alpha5}$	$a_{\alpha6}$	$a_{\alpha7}$	$a_{\beta1}$	$a_{\beta2}$	$a_{\beta3}$	$a_{\beta4}$	$a_{\gamma1}$	$a_{\gamma2}$	$a_{\gamma3}$	$a_{\gamma4}$
S_3	5	4	4	3	2	4	2	3	2	5	5	4	3	2	5	1	4	4	2
S_4	5	5	4	2	2	3	3	3	3	4	5	4	2	3	5	2	5	5	3
S_5	4	4	3	3	1	3	3	4	3	5	5	4	3	3	5	3	5	4	2
S_6	5	5	3	2	3	4	2	4	4	4	4	5	4	3	4	2	5	5	3
S_7	4	5	5	1	3	4	2	4	4	5	5	4	3	5	3	4	5	2	4
S_8	4	5	3	4	2	4	4	4	4	4	5	5	4	3	5	2	5	5	3
S_9	5	4	3	4	2	3	3	3	2	4	5	2	4	2	4	1	5	4	1
S_{10}	5	5	2	3	3	2	2	2	3	4	5	5	3	4	4	2	5	5	3
S_{11}	4	4	4	3	3	2	4	3	5	5	4	3	4	5	3	4	5	3	3
S_{12}	4	4	4	2	3	3	4	4	5	4	5	3	4	4	5	2	5	4	3
S_{13}	5	5	3	3	3	4	4	3	4	4	5	4	3	4	4	3	4	5	3
S_{14}	5	4	3	3	2	3	3	3	2	5	5	4	3	3	4	3	4	4	2
S_{15}	5	5	3	2	3	4	4	3	3	4	4	5	3	4	3	5	5	3	3

（1）通过运用 MATLAB 软件计算得出矩阵值。

$$F = X^{\mathrm{T}}X = \begin{bmatrix}
305 & 302 & 221 & 174 & 140 & 222 & 297 & 207 & 165 & 282 & 297 & 297 & 198 & 205 & 291 & 133 & 306 & 302 & 168 \\
302 & 305 & 223 & 170 & 140 & 223 & 299 & 208 & 168 & 281 & 297 & 298 & 200 & 206 & 292 & 135 & 307 & 305 & 170 \\
221 & 223 & 172 & 123 & 103 & 167 & 219 & 155 & 125 & 210 & 220 & 218 & 148 & 150 & 219 & 100 & 225 & 223 & 124 \\
174 & 170 & 123 & 107 & 76 & 124 & 170 & 118 & 91 & 161 & 170 & 168 & 109 & 117 & 164 & 73 & 175 & 170 & 94 \\
140 & 140 & 103 & 76 & 72 & 104 & 137 & 94 & 80 & 129 & 137 & 140 & 94 & 93 & 133 & 64 & 142 & 140 & 78 \\
222 & 223 & 167 & 124 & 104 & 170 & 219 & 157 & 124 & 209 & 218 & 221 & 151 & 148 & 217 & 99 & 225 & 223 & 123 \\
297 & 299 & 219 & 170 & 137 & 219 & 296 & 206 & 164 & 277 & 292 & 294 & 197 & 203 & 287 & 131 & 302 & 299 & 165 \\
207 & 208 & 155 & 118 & 94 & 157 & 206 & 151 & 114 & 198 & 203 & 206 & 142 & 142 & 204 & 93 & 212 & 208 & 116 \\
165 & 168 & 125 & 91 & 80 & 124 & 164 & 114 & 98 & 156 & 166 & 166 & 112 & 112 & 163 & 78 & 170 & 168 & 92 \\
282 & 281 & 210 & 161 & 129 & 209 & 277 & 198 & 156 & 269 & 279 & 277 & 188 & 191 & 276 & 127 & 287 & 281 & 156 \\
297 & 297 & 220 & 170 & 137 & 218 & 292 & 203 & 166 & 279 & 296 & 291 & 195 & 200 & 288 & 134 & 301 & 297 & 164 \\
297 & 298 & 218 & 168 & 140 & 221 & 294 & 206 & 166 & 277 & 291 & 296 & 199 & 201 & 287 & 132 & 302 & 298 & 164 \\
198 & 200 & 148 & 109 & 94 & 151 & 197 & 142 & 112 & 188 & 195 & 199 & 139 & 135 & 195 & 90 & 201 & 200 & 111 \\
205 & 206 & 150 & 117 & 93 & 148 & 203 & 142 & 112 & 191 & 200 & 201 & 135 & 144 & 198 & 91 & 208 & 206 & 117 \\
291 & 292 & 219 & 164 & 133 & 217 & 287 & 204 & 163 & 276 & 288 & 287 & 195 & 198 & 287 & 130 & 296 & 292 & 162 \\
133 & 135 & 100 & 73 & 64 & 99 & 131 & 93 & 78 & 127 & 134 & 132 & 90 & 91 & 130 & 67 & 137 & 135 & 75 \\
306 & 307 & 225 & 175 & 142 & 225 & 302 & 212 & 170 & 287 & 301 & 302 & 201 & 208 & 296 & 137 & 314 & 307 & 171 \\
302 & 305 & 223 & 170 & 140 & 223 & 299 & 208 & 168 & 281 & 297 & 298 & 200 & 206 & 292 & 135 & 307 & 305 & 170 \\
168 & 170 & 124 & 94 & 78 & 123 & 165 & 116 & 92 & 156 & 164 & 164 & 111 & 117 & 162 & 75 & 171 & 170 & 100
\end{bmatrix}$$

（2）通过 MATLAB 计算，得出最大特征根为单根，即 $\rho_{\max} = 3799.2857$。

（3）对所得特征向量进行单位化。

经分析研究剔除重要性小于 0.06 的评价指标，最后保留以下指标：企业自身条件分析（a_{91}）、企业未来发展远景规划（a_{92}）、新产品销售利润增长率（a_{a6}）、新产品销售份额增长率（a_{a7}）、企业生产经营制度的规范程度（$a_{\beta1}$）、知识产权运营人员的业务水平（$a_{\beta4}$）、知识产权运营过程信息搜集的完整度（a_{y2}）、运营信息评价报告的科学性（a_{y3}）。我们通过同样的方法对高技术企业知识产权开发子系统和高技术企业知识产权保护子系统下的初级指标进行筛选，获得筛选指标结果。

（三）评价指标相关性分析筛选

本书运用 GEM 对高技术企业知识产权管理系统的评价指标进行初选，通过初选的各评价指标之间可能存在某种程度的相关性，如果指标间的相关性过大会违背指标的差异性原则（刘希宋等，2006），降低评价指标的科学性和合理性，从而影响最终的评价结果。评价指标相关性分析是研究各评价指标之间相关程度的一种统计方法，通过对各个评价指标间的关联程度进行分析，计算出各评价指标间的相关系数，从而可以删除关联程度较大的评价指标，排除指标之间的信息重复对评价结果造成的影响，进一步提高评价结果的科学合理性。评价指标相关性分析的具体处理步骤如下。

（1）指标数据的标准化处理。选取的评价指标既有定性指标，又有定量指标，每个指标的评价重点也各不相同，量纲也不尽相同，因此在分析之前需要对各个指标进行无量纲化处理，从而减轻评价的困难程度。评价指标数据及其标准差为 y_i 和 s_i，无量纲化的公式为

$$X_i = \frac{y_i - \overline{y}}{s_i} \tag{7.4}$$

（2）各指标之间相关系数 T_{ij} 的公式为

$$T_{ij} = \frac{\sum X_i X_j - \dfrac{\sum X_i \sum X_j}{N}}{\sqrt{\left(\sum X_i^2 - \dfrac{\left(\sum X_i\right)^2}{N}\right)\left(\sum X_j^2 - \dfrac{\left(\sum X_j\right)^2}{N}\right)}} \tag{7.5}$$

（3）在计算各个评价指标关联系数之前设定临界值 M，该临界值的取值范围为 $[0,1]$，若 $T_{ij} < M$，表示两个指标相关性较小，可以保留；若 $T_{ij} > M$，则两个指标相关性较大，重复性较多，表示需要删除其中一个与其他指标对比相关性较大的指标。只设定单一最大临界值不能有效排除线性相关性较强的指标，因此需要同时设定上下限，相关系数在此区间内说明两个指标具有合理性。临界值上下限的确定应考虑两个因素：一是指标数据的个数 n，二是显著性水平 δ。

根据以上原则，结合现有其他研究资料，本书设定 $|0.75|$ 为临界值，运用 SPSS 23.0 软件 Correlations 指令下 Pearson 相关性分析方法对评价指标进行计算、取舍，结果如表 7.5 所示。

表 7.5　高技术企业知识产权运营子系统评价指标相关性

指标	a_{91}	a_{92}	$a_{\alpha6}$	$a_{\alpha7}$	$a_{\beta1}$	$a_{\beta4}$	$a_{\gamma2}$	$a_{\gamma3}$
a_{91}	1	0.421	0.336	0.292	0.360	0.507	0.349	0.288
a_{92}	0.421	1	0.007	0.005	0.013	0.045	0.001	0.003
$a_{\alpha6}$	0.336	0.007	1	0.239	0.037	0.331	0.004	0.004
$a_{\alpha7}$	0.292	0.005	0.239	1	0.145	0.291	0.187	0.011
$a_{\beta1}$	0.360	0.013	0.037	0.145	1	0.033	0.119	0.067
$a_{\beta4}$	0.507	0.045	0.331	0.291	0.033	1	0.088	0.101
$a_{\gamma2}$	0.349	0.001	0.004	0.187	0.119	0.088	1	0.003
$a_{\gamma3}$	0.288	0.003	0.004	0.011	0.067	0.101	0.003	1

通过相关性筛选，本书运用 GEM 筛选出的高技术企业开放式知识产权管理系统下的知识产权运营子系统的各个评价指标之间的相关性没有超过预先设定的临界值 $|0.75|$，指标之间关联程度不高，评价指标体系符合评价要求，同理可用 GEM 及评价指标相关性分析方法来确定高技术企业开放式知识产权管理系统下的其他子系统的相关评价指标。

第三节　高技术企业开放式知识产权管理系统评价指标体系构建及内涵

一、高技术企业开放式知识产权管理系统评价指标体系

在构建了高技术企业开放式知识产权管理系统初选评价指标以后，本书通过 GEM 对初选评价指标进行筛选，同时运用评价指标相关性分析方法，结合各个指标数据的可获得性及相关文献资料，最终确立了高技术企业开放式知识产权管理系统下各子系统的评价指标体系，如表 7.6～表 7.9 所示。

表 7.6　高技术企业开放式知识产权开发子系统评价指标体系

一级指标	二级指标	三级指标
知识产权开发子系统	知识产权开发环境状况（A_1）	知识产权法律法规的完善程度（a_{11}）
		高技术产业孵化区的水平规模（a_{19}）
	知识产权开发资源投入（A_2）	R&D 经费占企业利润百分比（a_{21}）
		R&D 人员数占企业总人数的百分比（a_{22}）
		R&D 经费占企业支出百分比（a_{23}）
	知识产权开发过程（A_3）	知识产权研发的风险成本控制（a_{32}）
		专利产品完善与改进的追加投资（a_{33}）

一级指标	二级指标	三级指标
知识产权开发子系统	知识产权开发产出（A_4）	专利申请数量占总研发项目比率（a_{43}）
		专利授权成功率（a_{44}）
		科技（商业）秘密占研发项目比率（a_{46}）

表 7.7　高技术企业开放式知识产权保护子系统评价指标体系

一级指标	二级指标	三级指标
知识产权保护子系统	知识产权监控（A_5）	知识产权开发监控（a_{55}）
		知识产权保护监控（a_{56}）
		知识产权运营监控（a_{57}）
	知识产权协调与合作（A_6）	企业间知识产权协调能力（a_{61}）
		企业间知识产权合作水平（a_{62}）
	知识产权风险预警（A_7）	知识产权侵权风险预警（a_{74}）
		知识产权被侵权风险预警（a_{76}）
	知识产权危机处置（A_8）	知识产权风险处置预案设计（a_{81}）
		知识产权风险阈值设定（a_{82}）
		知识产权危机处置响应情况（a_{83}）

表 7.8　高技术企业开放式知识产权运营子系统评价指标体系

一级指标	二级指标	三级指标
知识产权运营子系统	知识产权运营方案决策（A_9）	企业自身条件分析（a_{91}）
		企业未来发展远景规划（a_{92}）
	知识产权运营方案执行（A_a）	新产品销售利润增长率（a_{a6}）
		新产品销售份额增长率（a_{a7}）
	知识产权运营保障（A_β）	企业生产经营制度的规范程度（$a_{\beta1}$）
		知识产权运营人员的业务水平（$a_{\beta4}$）
	知识产权运营信息反馈（A_γ）	知识产权运营过程信息搜集的完整度（$a_{\gamma2}$）
		运营信息评价报告的科学性（$a_{\gamma3}$）

表 7.9　高技术企业开放式知识产权协同子系统评价指标体系

一级指标	二级指标	三级指标
知识产权协同子系统	知识产权正式协同渠道（A_η）	企业间规律性开展知识产权交流（$a_{\eta1}$）
		企业间存在各类知识产权合作（$a_{\eta2}$）
		企业间知识产权员工有各类培训活动（$a_{\eta3}$）
		就相关知识产权事项，企业间存在通畅的沟通渠道（$a_{\eta4}$）
		合作双方能各自发挥优势，积极合作（$a_{\eta5}$）

一级指标	二级指标	三级指标
知识产权协同子系统	知识产权正式协同渠道（A_η）	出现知识产权纠纷，合作双方能够妥善解决（$a_{\eta6}$）
		企业同科研院所合作密切（$a_{\eta7}$）
	知识产权非正式协同渠道（A_ζ）	企业间知识产权员工交流频繁（$a_{\zeta1}$）
		企业间知识产权员工具有类似的知识结构、知识背景（$a_{\zeta2}$）
		企业内部员工间交流频繁（$a_{\zeta3}$）

二、高技术企业知识产权开发子系统评价指标内涵

（一）知识产权开发环境状况指标分析

1）知识产权法律法规的完善程度

知识产权法律法规的完善程度直接决定了高技术企业知识产权开发环境的优劣，完善的法律法规能够极大地鼓励高技术企业进行自主创新，有助于优化知识产权开发环境，建立和维护良好的知识产权公平竞争环境。该项指标作为知识产权开发子系统的投入指标，属于科学评价知识产权开发子系统的关键指标。

2）高技术产业孵化区的水平规模

高技术产业孵化区的水平规模能够从侧面反映出不同区域间高技术企业的整体发展规模与所处的技术水平，作为高技术企业知识产权开发环境指标的典型代表，高技术产业孵化区能够有效带动本地区高技术企业从事科技创新，减少创新、研发成本，催生配套行业的建设和发展。因此，该项指标属于知识产权开发子系统的投入指标。

（二）知识产权开发资源投入指标分析

1）R&D 经费占企业利润百分比

R&D 经费占企业利润百分比指报告期内企业用于科研技术开发的经费支出占报告期内企业纯利润的比重，是衡量和评价高技术企业知识产权开发活动过程中投入多少的一个重要指标。R&D 经费占企业利润百分比是指 R&D 经费与企业利润的商。

2）R&D 人员数占企业总人数的百分比

R&D 人员数占企业总人数的百分比是衡量企业知识产权研发能力的指标，表示在报告期内从事科研开发的人员数占企业总人数的比例，R&D 人员数占企业总人数的百分比是指 R&D 人员数与企业总人数的商。

3）R&D 经费占企业支出百分比

R&D 经费占企业支出百分比是指报告期内企业用于研究开发的经费支出占企业各种业务总支出的比重，是衡量和评价企业自主创新活动投入多少的一个重要指标。R&D 经费占企业支出百分比是指 R&D 经费与企业支出的商。

（三）知识产权开发过程指标分析

1）知识产权研发的风险成本控制

知识产权研发的风险成本控制主要通过对知识产权开发过程中的风险成本进行识别、估测和评估，有效运用各种风险管理对策和技术，从而达到对风险成本实施妥善调控和处理的目的，及时、有效地规避知识产权研发的风险，可以有效避免或减少研发过程中有形和无形资产的损失（郭韧等，2018）。因此，该项指标属于投入指标。

2）专利产品完善与改进的追加投资

专利产品完善与改进的追加投资对于知识产权的开发至关重要。在知识产权开发过程中可能发现在研专利产品的技术缺陷，或者观察到可供改进之处，完善与改进专利产品的追加投资可以从根本上增强知识产权开发的产出效果。因此，该项指标属于知识产权开发过程的投入指标。

（四）知识产权开发产出指标分析

1）专利申请数量占总研发项目比率

专利申请数量占总研发项目比率属于知识产权开发的产出指标，可以直观反映出知识产权开发的效果好坏，也可以反映出企业自主创新和知识产权保护所取得成果水平的高低。专利申请数量占总研发项目比率=企业专利申请数量÷企业总在研项目。

2）专利授权成功率

专利授权是知识产权得到确权的过程，授权数量的多少是知识产权产出的最重要的指标，已授权的核心知识产权能够形成一系列知识产权关联网络，带动一片新兴产业共同发展。专利授权成功率=企业专利授权数量÷专利申请总量，该项指标属于重要产出指标。

3）科技（商业）秘密占研发项目比率

在知识产权开发过程中，知识产权开发的产出不仅局限于知识产权申请和授权数量。从高技术企业未来发展远景出发，基于高技术企业知识产权战略意图，高技术企业可能适当保留一些科技（商业）秘密，并加以保护，以便牢牢把握知识产权核心技术。科技（商业）秘密占研发项目比率=科技（商业）秘密保护数量÷专利研发项目总量，该项指标属于产出指标（沈红宇，2010）。

三、高技术企业知识产权保护子系统评价指标内涵

（一）知识产权监控指标分析

1）知识产权开发监控

知识产权开发监控的职责在于监控知识产权开发过程中的资源投入、人员配置情况

及科研设备的使用情况；健全、健康和合理的知识产权开发监控行为能够极大程度规避知识产权开发的风险，有效降低知识产权开发成本，提高知识产权开发的效率。该项指标属于投入指标。

2）知识产权保护监控

知识产权保护监控是指对知识产权保护系统进行监控的行为，确保知识产权保护工作公开、透明、高效地进行；既要发挥充分保护已有知识产权和在研技术的作用，又要将知识产权保护的强度设定在合理的限度内，确保知识产权管理系统充分发展和运行。该项指标属于投入指标。

3）知识产权运营监控

知识产权运营监控的对象是知识产权从开发到实现商业价值的全过程，知识产权运营监控的覆盖面及合理性对于知识产权价值的实现具有重要的影响；同时知识产权运营监控活动能充分反馈相关运营信息，为知识产权的开发、保护及管理活动的不断改进提供支持。该项指标属于投入指标。

（二）知识产权协调与合作指标分析

1）企业间知识产权协调能力

企业间知识产权协调能力是保障高技术企业知识产权在企业间进行知识和信息共享过程中的安全性的关键组成部分，其核心是协调知识联盟中知识共享的完整性和同质性，促进合作伙伴间相关信息和知识的顺畅交流，提升知识产权合作效率。该项指标属于产出指标。

2）企业间知识产权合作水平

企业间知识产权合作水平衡量的是企业与其他企业之间的交流和沟通程度，能够很好地反映出企业知识产权保护的成果，有效的知识产权保护能很好地加强企业间的横向联系和纵向联系，增强企业间的合作紧密程度。该项指标属于产出指标。

（三）知识产权风险预警指标分析

1）知识产权侵权风险预警

知识产权侵权指本企业有意识或者无意识地侵犯其他经济实体已经受到知识产权法律保护的权益。高技术企业有必要通过相关培训和学习提高自身的知识产权意识，力求从根本上减少和消除知识产权侵权事件（所晓磊，2007）；建立知识产权侵权风险预警机制，有助于规范高技术企业的日常经营行为，提高高技术企业的知识产权核心竞争力。该项指标属于投入指标。

2）知识产权被侵权风险预警

知识产权被侵权是指其他企业对本企业构成知识产权侵权行为。本企业能否妥善地做好知识产权被侵权风险预警工作决定了出现知识产权侵权事件时高技术企业的响应速度和回应水平，通过相关文献可以得知国际较为先进的高技术企业都具有完善的知识产权被侵权风险预警机制。该项指标属于投入指标。

（四）知识产权危机处置指标分析

1）知识产权风险处置预案设计

高技术企业在知识产权危机发生之前应提前设计风险处置预案；在对知识产权危机进行及时响应的基础上，能否根据具体风险级别的不同而设计相应的预案，直接决定了高技术企业能否顺利解决发生的知识产权侵权问题。该项指标属于投入指标。

2）知识产权风险阈值设定

知识产权风险阈值是指高技术企业在对自身生产经营活动的环境进行综合分析的基础上，对知识产权风险进行人为划定，设定本企业知识产权风险相应的灵敏度。对知识产权风险阈值进行设定能提高知识产权保护的效率和准确性，避免误判事件的发生。该项指标属于投入指标。

3）知识产权危机处置响应情况

知识产权危机处置响应情况是指当高技术企业出现知识产权危机时，高技术企业察觉危机的反应时间；组织完善的高技术企业具有危机管理部门，该部门能够第一时间对发生的知识产权危机进行响应，这对知识产权保护具有重要意义。该项指标属于产出指标。

四、高技术企业知识产权运营子系统评价指标内涵

（一）知识产权运营方案决策指标分析

1）企业自身条件分析

高技术企业知识产权运营方案的设计要建立在对企业自身条件分析的基础上，分析的具体对象为高技术企业的科研实力、企业市场竞争关键因素、企业未来知识产权发展战略等。该项指标为投入指标。

2）企业未来发展远景规划

企业未来发展远景规划也是高技术企业知识产权运营方案决策的重要指标，正确的方案决策应建立在企业未来发展远景规划的基础之上，只有明确高技术企业的发展方向，才能有的放矢，更好地推动知识产权的运营工作。该项指标为投入指标。

（二）知识产权运营方案执行指标分析

1）新产品销售利润增长率

新产品销售利润增长率=（本期新产品销售利润额−上期新产品销售利润额）
÷上期新产品销售利润额

它是知识产权运营效果的直接体现，反映本期新产品对于上期新产品销售利润额的增长率，也是高技术企业知识产权开发、保护乃至运营管理的直接收益，属于产出指标。

2）新产品销售份额增长率

新产品销售份额增长率表示的是本期较上期新产品销售收入增加部分与产品销售收入的比率，说明新产品销售份额的增长程度，反映高技术企业知识产权运营实现商业化的能力。新产品销售份额增长率=（本期新产品销售收入−上期新产品销售收入）÷产品销售收入，属于产出指标。

（三）知识产权运营保障指标分析

1）企业生产经营制度的规范程度

企业生产经营制度的规范程度是企业组织完善程度的体现，对知识产权运营活动影响深远；规范的企业生产经营制度能够为知识产权运营活动提供有效保障。该项指标属于投入指标。

2）知识产权运营人员的业务水平

知识产权运营人员直接参与企业的运营活动，是知识产权产品最终的执行者和直接管理者（田高良和董普，2007）。其业务水平对知识产权运营效果影响重大，为了更好地实现企业的知识产权战略目标，企业应对运营人员进行规范化的培训和考核。该项指标属于投入指标（毕克新等，2012）。

（四）知识产权运营信息反馈指标分析

1）知识产权运营过程信息搜集的完整度

知识产权运营信息反馈旨在改进和完善知识产权的运营方式，提高企业知识产权管理系统的可操作性，因此知识产权运营过程信息搜集的完整度不仅对于确保高技术企业知识产权管理系统的完整度十分重要，而且对于提升高技术企业知识产权运营效果十分重要。该项指标属于投入指标（张耀辉，2011）。

2）运营信息评价报告的科学性

运营信息评价报告是对上一阶段知识产权运营信息搜集的总结和分析，该报告所涵盖的信息对于下一阶段的知识产权运营工作具有指导意义，因此，高技术企业运营信息评价报告应尽可能简洁、完整和科学。该项指标属于投入指标。

五、高技术企业知识产权协同子系统评价指标内涵

（一）知识产权正式协同渠道指标分析

1）企业间规律性开展知识产权交流

企业间知识产权交流活动主要是指企业间就知识产权实践经验、知识产权管理策略进行交流和分享，企业间规律性开展知识产权交流活动有助于降低知识产权风险、提高知识产权价值，帮助企业提取其创新中的价值、实现无形资产价值等。该项指标属于投

入指标。

2）企业间存在各类知识产权合作

企业间存在各类知识产权合作是建立在企业间知识产权交流的前提下的，它可以使企业利用更少的时间及更少的经历去更好地配置知识产权资源，从而达到互利发展，赢得先机；也可以使企业更好地利用自身知识产权资源，达到双方互利、共享经济的效果；还可以让双方的知识产权形成优势互补，从而解决企业知识产权缺陷的难题。该项指标属于产出指标。

3）企业间知识产权员工有各类培训活动

企业间知识产权员工有各类培训活动使企业知识产权员工围绕专利检索技巧和评估方法、高价值专利挖掘与布局、知识产权管理实务、知识产权风险控制实践等知识产权管理核心问题进行深入了解，有利于企业规避专利风险，提升企业的创新能力和创新水平。该项指标属于投入指标。

4）就相关知识产权事项，企业间存在通畅的沟通渠道

企业间的沟通渠道是知识产权相关信息得以传送的载体，可分为正式和非正式的沟通渠道、向下沟通渠道、向上沟通渠道和水平沟通渠道等。企业间的沟通效果决定了企业知识产权管理效率，在企业的知识产权管理过程中，如果能做好相关信息的沟通，可以对企业知识产权绩效目标的实现起到事半功倍的效果。该项指标属于投入指标。

5）合作双方能各自发挥优势，积极合作

企业间在知识产权合作过程中能够本着"优势互补、共谋发展、互惠互利、实现双赢"的原则，从知识产权战略决策、知识产权人才培养等方面，发挥各自优势，通过多种形式开展长期、全面合作，努力打造知识产权产学研合作平台、技术创新成果转化平台和知识人才增值平台，联手探索出一条知识产权深度融合的新路。该项指标属于产出指标。

6）出现知识产权纠纷，合作双方能够妥善解决

知识产权纠纷是指知识产权人因行使知识产权或不特定第三人侵犯自己的知识产权与不特定第三人产生的争议。在知识产权协同过程中，企业间由于技术、信息、资源的共享和交互，可能出现相关知识产权争议，如果在发生知识产权争议过程中，争议双方能够妥善解决争议，有利于化解争端，使双方趋于交流和合作。该项指标属于投入指标。

7）企业同科研院所合作密切

企业同科研院所的合作也称为校企合作，属于学校与企业建立的一种合作模式。科研院所往往在知识产权开发阶段有雄厚的实力，在技术研发的前沿有丰富的资源，而企业具备知识产权运营和市场化的能力，能够对知识产权进行恰当地运用和保护，识别核心专利。该项指标属于产出指标。

（二）知识产权非正式协同渠道指标分析

1）企业间知识产权员工交流频繁

一般而言，企业间知识产权员工交流越频繁，越可能产生知识产权创造灵感，激发

知识产权员工的创新热情，丰富知识产权员工的经验和阅历，促进知识产权员工对掌握的知识进行更新和重组。该项指标属于投入指标。

2）企业间知识产权员工具有类似的知识结构、知识背景

若企业间知识产权员工具有类似的知识结构、知识背景，则企业间的知识产权员工具备更优质的沟通渠道，知识产权员工共有的知识基更深厚，则企业间知识产权员工更能够分享知识产权管理经验。该项指标属于投入指标。

3）企业内部员工间交流频繁

知识产权协同不仅存在于企业间，也广泛存在于企业内部。企业内部员工间交流越频繁，越有利于知识产权员工理解企业知识产权总体战略，越有利于知识产权分工合作。该项指标属于投入指标。

第八章　中国高技术企业开放式知识产权管理系统评价

第一节　高技术企业开放式知识产权管理系统评价方法介绍

一、数据包络分析法介绍

（一）数据包络分析法的理论与方法概述

数据包络分析法（data envelopment analysis，DEA）是运筹学、管理学和数学等学科相互交叉发展所形成的新的研究领域，是由著名运筹学家 A. Charnes 和 W. W. Cooper 等于 1978 年首先提出的。

DEA 使用数学规划（包括线性规划、多目标规划、随机规划等）模型评价具有多个输入，特别是多个输出的"部门"或"单位"（称为决策单元）间的相对有效性（DEA 有效）。根据对各决策单元进行数据观察判断其是否有效，本质上是判断决策单元是否位于生产可能集的"生产前沿面"上。生产前沿面是经济学中生产函数向多产出情况的一种推广，因此可以将 DEA 看作一种非参数的统计估计方法；由于 DEA "天然"的经济背景，依据 DEA 及其模型和理论，研究者们可以直接利用输入和输出数据建立非参数的 DEA 模型，进行经济分析。

DEA 模型从 1978 年建立到现在，已经从最初单一的 CCR（Charnes，Cooper，Rhodes）模型发展出许多的变形，相关理论的研究也在逐渐深入之中，DEA 的应用领域也在逐渐扩展，DEA 相关模型已经相当完善，它已成为管理科学、系统工程领域乃至经济问题分析等一种重要而有效的评价工具，广泛应用于效率评价之中。由于 DEA 的诞生和应用都比较深入地涉及一些生产与经济问题，本书有必要对 DEA 模型的一些基本的概念和理论进行介绍。

（二）DEA 的基本概念

1. 决策单元

一个经济系统或一个生产过程可以被看作一个单位（或一个部门）在一定的可能范

围内，通过投入一定数量的生产要素产生一定数量"产品"的活动，虽然这种活动的内容不尽相同，但目的都是尽可能地使这一活动取得最大的"效益"。因为产出是决策的结果，所以这样的单元称为决策单元。在 DEA 中，使用较多的是同类型的决策单元。同类型的决策单元是指具有以下三个特征的决策单元集合。

（1）具有相同的目标和任务。

（2）具有相同的外部环境。

（3）具有相同的输入和输出指标。

2. 生产可能集

设某个决策单元在一项经济活动中的投入向量为 $x = (x_1, x_2, \cdots, x_m)^T$，产出向量为 $y = (y_1, y_2, \cdots, y_s)^T$，可用 (x, y) 表示决策单元的生产活动。

定义 8.1：称集 $T = \{(x, y) | 产出 y 能用投入 x 生产出来\}$ 为所有可能的生产活动构成的生产可能集。

定义 8.2：设有 n 个决策单元，DMU_j 为生产活动中所对应的投入和产出，其向量分别为：$x_j = (x_{1j}, x_{2j}, \cdots, x_{mj})^T$ 和 $y_j = (y_{1j}, y_{2j}, \cdots, y_{sj})^T$，因此有 $(x_j, y_j) \in T$，并称由 (x_j, y_j) 组成的集合为参考集。

同时，生产可能集必须满足以下生产公理。

（1）凸性：对任意的 $(x, y) \in T$ 和 $(x', y') \in T$，以及 $\mu \in [0, 1]$，$\mu(x, y) + (1 - \mu)(x', y') \in T$，即如果分别以 x 和 x' 的 μ 倍与 $(1 - \mu)$ 倍之和作为新的输入，则可能得到原产出相同比例之和的新的产出。凸性表明 T 是一个凸集。

（2）锥性：若 $(x, y) \in T$ 且 $k \geq 0$，则 $k(x, y) = (kx, ky) \in T$，这表明若以原输入的 k 倍为新的输入，则得到原产出的 k 倍是可能的。

（3）无效性：设 $(x, y) \in T$，若 $x \leq x'$，则 $(x', y) \in T$，这说明在原来生产活动的基础上增加投入或减少产出进行生产总是可能的。

（4）最小性：生产可能集 T 是满足上述三个条件的所有集合的交集，在满足四条公理的基础上，对已有的观测值 (x_j, y_j) $(j = 1, 2, \cdots, n)$ 可得

$$T = \left\{ (x, y) \,\middle|\, k\sum_{j=1}^{n} \mu_j x_j \leq x, \ k\sum_{j=1}^{n} \mu_j y_j \geq y, \ \mu_j \geq 0, \ \sum \mu_j = 1, \ k > 0 \right\} \qquad (8.1)$$

若令 $k\mu_j = \lambda_j$，则有

$$T = \left\{ (x, y) \,\middle|\, \sum_{j=1}^{n} \lambda_j x_j \leq x, \ \sum_{j=1}^{n} \lambda_j y_j \geq y, \ \lambda_j \geq 0, \ \sum \lambda_j = 1 \right\} \qquad (8.2)$$

3. DEA 评价基本模型

（1）CCR 模型。CCR 模型有两种表达形式：一种是分式规划形式，另一种是线性规划形式。分式规划形式具有工程方面的背景，是通过将科学工程效率的定义推广到多输入、多输出系统得到的（吴文江，2002）。

定义 8.3：$h_j = \dfrac{u^{\mathrm{T}}Y_j}{v^{\mathrm{T}}X_j}$ 为第 j 个决策单元的效率评价指数对 DMU 进行 DEA 评价，我

们总可以适当选择权系数 u 和 v，在各个决策单元的效率评价指数不超过 1 的条件下使 h_0 最大，于是有如下 CCR 最优化模型（8.3）

$$(\mathrm{CCR}') \begin{cases} \max\ h_0 = \dfrac{u^{\mathrm{T}}Y_0}{v^{\mathrm{T}}X_0} \\[2mm] \text{s.t.}\quad \dfrac{u^{\mathrm{T}}Y_j}{v^{\mathrm{T}}X_j} \leqslant 1,\ j=1,2,\cdots,n \\[2mm] u \geqslant 0 \\[1mm] v \geqslant 0 \end{cases} \qquad (8.3)$$

CCR 模型的线性规划形式是基于凸性、锥性、无效性、最小性四项生产公理而得。通过 Charnes-Cooper 变换，CCR 模型的分式规划形式等价转化成线性规划形式，因此基于输入的 CCR 模型的线性规划形式为

$$(\mathrm{CCR}) \begin{cases} \max\ \mu^{\mathrm{T}}Y_0 \\[1mm] \text{s.t.}\quad w^{\mathrm{T}}X_j - \mu^{\mathrm{T}}Y_j \geqslant 0,\ j=1,2,\cdots,n \\[1mm] w^{\mathrm{T}}X_0 = 1 \\[1mm] w \geqslant 0,\ \mu \geqslant 0 \end{cases} \qquad (8.4)$$

其中，$t = 1/v^{\mathrm{T}}X_0$；$w = tv$；$\mu = tu$，分式规划形式与线性规划形式是等价的。引入松弛变量 $S^+ \geqslant 0$ 和 $S^- \geqslant 0$，以及非阿基米德无穷小量 ε，其对偶规划模型为

$$(\mathrm{CCR-D}) \begin{cases} \min\ \theta - \varepsilon(e_m^{\mathrm{T}}S^- + e_m^{\mathrm{T}}S^+) \\[1mm] \text{s.t.}\quad \displaystyle\sum_{j=1}^{n} X_j\lambda_j + S^+ = \theta X_0 \\[1mm] \displaystyle\sum_{j=1}^{n} Y_j\lambda_j - S^- = Y_0 \\[1mm] S^+ \geqslant 0,\ S^- \geqslant 0,\ \lambda_j \geqslant 0,\ j=1,2,\cdots,n \end{cases} \qquad (8.5)$$

其中，非阿基米德无穷小量 ε 为一个大于零而小于任何正数的数；S^+、S^- 分别为输入、输出松弛向量；$e_s = (1,1,\cdots,1)^{\mathrm{T}} \in R^s$；$e_m = (1,1,\cdots,1)^{\mathrm{T}} \in R^m$。

定理 8.1：设规划模型（8.5）的最优解为 θ^*、λ^*、S^{-*}、S^{+*}，若 $\theta^* = 1$ 且 $S^{-*} = S^{+*} = 0$，则称决策单元 DMU 为 DEA 有效（CCR 有效）。那么，决策单元的 DEA 有效性等价于多目标规划问题的有效解

$$(\mathrm{VP}) \begin{cases} V - \min F(X,Y) \\ (X,Y) \in T \end{cases} \qquad (8.6)$$

其中，$X = (x_1,x_2,\cdots,x_m)^{\mathrm{T}}$；$Y = (y_1,y_2,\cdots,y_s)^{\mathrm{T}}$；$F(X,Y) = [X - Y]^{\mathrm{T}}$。在 CCR 模型中，决策单元 DEA 有效的同时必为技术有效和规模有效，CCR 模型称为满足规模收益不变（constant returns to scale，CRS）的 DEA 模型。

DMU 的输入有效性是研究基于输入的 CCR 模型，即输出不保持不变、输入最小；DMU 的输出有效性是研究当输入保持不变、输出最大，得到基于输出的 CCR 最优化模型。

$$(CCR-O)\begin{cases} \max \ \alpha \\ \text{s.t.} \ \sum_{j=1}^{n} X_j \lambda_j \leqslant X_0 \\ \quad \sum_{j=1}^{n} Y_j \lambda_j \geqslant \alpha Y_0 \\ \quad \lambda_j \geqslant 0, \ j=1,2,\cdots,n \end{cases} \tag{8.7}$$

（2）BCC（Banker，Charnes，Cooper）模型。在 CCR 模型中，其生产可能集 T 满足凸性、锥性、无效性和最小性。其中通过有效规模值来外推出最有效的决策单元行为就是"锥性"的作用，同时 CCR 模型在整体水平上能鉴别可能反映出的规模非有效性。如果"锥性"约束被去掉，该模型就可以严格地集中在单个决策单元的生产非有效性上。这样，同时评价规模有效性和技术有效性转为单纯评价技术有效性与它是否规模有效无关。此时，生产可能集 T 为一个凸性多面体

$$T = \left\{ (x,y) \mid \sum_{j=1}^{n} \lambda_j x_j \leqslant X, \ \sum_{j=1}^{n} \lambda_j y_j \geqslant Y, \ \sum \lambda_j = 1, \ \lambda_j \geqslant 0, \ j=1,2,\cdots,n \right\} \tag{8.8}$$

据此，可以建立 BCC 模型的生产可能集 T，并得到 BCC 模型，见式（8.9）。

$$(BCC)\begin{cases} \min \ \theta - \varepsilon(e_m^T S^- + e_s^T S^+) \\ \text{s.t.} \ \sum_{j=1}^{n} X_j \lambda_j + S^- \leqslant \theta X_0 \\ \quad \sum_{j=1}^{n} Y_j \lambda_j - S^+ = Y_0 \\ \quad \sum_{j=1}^{n} \lambda_j = 1 \\ \quad S^- \geqslant 0, \ S^+ \geqslant 0, \ \lambda_j \geqslant 0, \ j=1,2,\cdots,n \end{cases} \tag{8.9}$$

其中，$e_s = (1,1,\cdots,1)^T \in R^s$；$e_m = (1,1,\cdots,1)^T \in R^m$。

定理 8.2：设线性规划问题模型（8.9）的最优解为 λ^*、S^{+*}、S^{-*}、θ^*，则有：①若 $\theta^* = 1$，且 $S^{+*} = S^{-*} = 0$，则称 DMU_j 为纯技术 DEA 有效；②若 $\theta^* = 1$，则称 DMU_j 为纯技术弱 DEA 有效。

4. DEA 评价结果分析

（1）投影值。考虑带有非阿基米德无穷小量 ε 的决策单元的对偶规划问题（8.5），设其最优解为 λ^*、S^{+*}、S^{-*}、θ^*，令 $\overline{X}_0 = \theta^* X_0 - S^{-*}$，$\overline{Y}_0 = Y_0 + S^{+*}$，则称 $(\overline{X}_0, \overline{Y}_0)$ 为对应的 (X_0, Y_0) 在 DEA 相对有效平面上的投影。$(\overline{X}_0, \overline{Y}_0)$ 为一个新的决策单元，若 $(\overline{X}_0, \overline{Y}_0)$ 为 DEA 在相对有效平面上对应的 (X_0, Y_0) 的投影，则 $(\overline{X}_0, \overline{Y}_0)$ 这个新的决策单元相对于原来的 n 个决策单元，是 DEA 有效的。DMU_j 在 DEA 相对有效面上的投影，实际上为改进非

有效决策单元提供了一个可行的方案，同时指出非有效的原因。

（2）规模有效性。设 CCR 模型为（8.5），则当 CCR 求的规模的最优解唯一时，可通过定理 8.3 和定理 8.4 对所评价的决策单元进行规模效益分析。

定理 8.3：对于生产可能集中的决策单元 DMU_j 所建立的 CCR 模型，其最优值 $\theta=1$，当且仅当 DMU_j 为最大产出规模点。

定理 8.4：设上述 CCR 模型有唯一的最优解 λ^*（$j=1,2,\cdots,n$）和 $\theta^*<1$，若 $k^*=\sum_{j=1}^{n}\lambda^*<1$，则 DMU_j 为规模收益递增；若 $k^*>1$，则 DMU_j 为规模收益递减。

（3）经济含义。假设规模收益不变的 CCR 模型，忽略规模大小对效率值的影响，也就是将纯技术效率和规模效率合并为整体效率，即技术效率。将技术效率分解成两部分，同样应用相同的数据，发现 BCC 模型放松了对规模收益（returns to scale，RTS）的约束，仅仅以纯技术效率角度评价决策单元，CCR 模型和 BCC 模型评价结果之比就是规模效率。

二、TOPSIS 法介绍

（一）TOPSIS 法理论与方法概述

TOPSIS（technique for order preference by similarity to an ideal solution，理想点）法是 C. L. Hwang 和 K. Yoon 于 1981 年首次提出，TOPSIS 法是根据有限个评价对象与理想化目标的接近程度进行排序的方法，在现有的对象中进行相对优劣的评价。TOPSIS 法是一种逼近于理想解的排序法，该方法只要求各效用函数具有单调递增（或递减）性就行。TOPSIS 法是多目标决策分析中一种常用的有效方法，又称为优劣解距离法，其基本原理是通过检测评价对象与最优解、最劣解的距离来进行排序，若评价对象最靠近最优解又最远离最劣解，则为最好；否则为最差。其中，最优解的各指标值都达到各评价指标的最优值，最劣解的各指标值都达到各评价指标的最差值。

（二）TOPSIS 法适用范围

传统 DEA 模型评价结果存在多个有效的决策单元，TOPSIS 能够很好地解决有效决策单元的区分问题，TOPSIS 原理在于多目标虚拟决策单元理想解和负理想解排序，高效率决策单元应距理想解（ideal solution）最近，同时距离负理想解（negative ideal solution）最远，假定每一属性都是单调变化，则理想解的求解过程就可以转化为欧式范数计算，得到效率评价的最优解。

（三）TOPSIS 法的基本概念

1）理想解

理想解是设想的最优的解（方案），它的各个属性值都达到各备选方案中的最好的值。

2）负理想解

负理想解是设想的最劣的解（方案），它的各个属性值都达到各备选方案中的最坏的值。

方案排序的规则是把各备选方案与理想解和负理想解做比较，若其中一个方案最接近理想解，而同时远离负理想解，则该方案是备选方案中最好的方案。

（四）TOPSIS 法的计算步骤

多目标有效 DMU 排序的具体计算步骤如下。

第一步，构建虚拟决策单元，确定理想样本点。

构造最优决策单元 DMU_{n+1} 和最劣决策单元 DMU_{n+2}，前者输入、输出向量分别记为 $X_{n+1} = (x_{1,n+1}, x_{2,n+1}, \cdots, x_{i,n+1}, \cdots, x_{m,n+1})$、$Y_{n+1} = (y_{1,n+1}, y_{2,n+1}, \cdots, y_{r,n+1}, \cdots, y_{s,n+1})$；后者输入、输出向量分别记为：$X_{n+2} = (x_{1,n+2}, x_{2,n+2}, \cdots, x_{i,n+2}, \cdots, x_{m,n+2})$、$Y_{n+2} = (y_{1,n+2}, y_{2,n+2}, \cdots, y_{r,n+2}, \cdots, y_{s,n+2})$。最优决策单元 DMU_{n+1} 的输入和输出指标值分别取 n 个实际决策单元相应指标值的最小值和最大值，即 $x_{i,n+1} = \min(x_{i,1}, x_{i,2}, \cdots, x_{i,n+1})$、$y_{r,n+1} = \max(y_{r,1}, y_{r,2}, \cdots, y_{r,n+1})$，以最优决策单元 DMU_{n+1} 为正理想样本点，以最劣决策单元 DMU_{n+2} 为负理想样本点。

第二步，区分有效决策单元并进行排序。

（1）用线性比例变换法对有效 DMU 的指标进行无量纲化处理，其中输入指标数值越小越好，作为投入指标处理，无量纲化公式为

$$X_{ij} = \frac{\max x_j - x_{ij}}{\max x_j - \min x_j} \tag{8.10}$$

输出指标数值越大越好，作为产出指标处理，无量纲化公式为

$$Y_{ij} = \frac{y_{ij} - \min y_j}{\max y_j - \min y_j} \tag{8.11}$$

（2）计算各 DMU 与理想样本点和负理想样本点的距离，选择欧式范数作为评价方案的准则。d_j^+ 表示方案 j 到理想样本点 DMU_{n+1} 的距离，d_j^- 表示方案 j 到负理想样本点 DMU_{n+2} 的距离，计算公式如下。

$$d_j^+ = \sqrt{\sum_{i=1}^{m+s}(r_{ij} - r_i^+)^2} \tag{8.12}$$

$$d_j^- = \sqrt{\sum_{i=1}^{m+s}(r_{ij} - r_i^-)^2} \tag{8.13}$$

（3）计算决策单元与理想样本点和负理想样本点的贴近度，若贴近度 d_j 越大表明第 j 个决策单元越优，即知识产权运营效率越高，计算公式如下。

$$d_j = \frac{d_j^-}{d_j^+ + d_j^-}$$

第二节　评价数据的搜集与检验

一、数据的搜集

研究中国高技术企业开放式知识产权管理系统旨在深入了解高技术企业知识产权战略的关键组成，更好地发挥知识产权管理系统的作用，提升高技术企业知识产权管理的水平。本书以高技术企业为研究对象，对中国高技术企业开放式知识产权管理系统进行实证研究，可以直观地检验高技术企业的知识产权管理系统水平，也可以反映出该系统是否科学、合理，从而为相关部门开展类似评价打下基础。

考虑到数据的可获得性及合理性，本书选取黑龙江省具有代表性的 10 家高技术企业，这 10 家高技术企业需要满足中国科学技术部、财政部等部门于 2016 年 1 月颁布的新版《高新技术企业认定管理办法》中的相关认证资质。

根据该管理办法，本书选取的高技术企业分别是黑龙江哈高科生物技术有限公司（简称哈高科）、黑龙江新世纪能源有限公司（简称新世纪）、哈飞航空工业股份有限公司（简称哈飞航空）、哈尔滨东安汽车动力股份有限公司（简称东安汽车）、黑龙江龙电电气有限公司（简称龙电电气）、哈药集团、黑龙江信合科技开发有限责任公司（简称信合科技）、黑龙江沃德科技开发集团有限公司（简称沃德科技）、中国北车集团齐齐哈尔铁路车辆（集团）有限责任公司（简称齐市北车）、黑龙江北大荒集团九三种业有限公司（简称九三种业）。通过对选取的企业发放调查问卷（见附录 A）和进行实地走访调研等多种形式，获取相关分析数据。共发放调查问卷 500 份，收回调查问卷 401 份，其中有效调查问卷 357 份，调查问卷有效率 89.03%，符合研究需要。本书基于调查问卷对所获得的定量数据和定性指标进行整理与检验分析，使评价的结果更加科学、合理。

二、数据的检验

描述性统计用来分析从高技术企业搜集到的定量数据。通过对黑龙江省 10 家典型高技术企业回收有效调查问卷及实地走访和调研，获取高技术企业知识产权管理系统评价指标关键数据，其中，定性指标数据是各位专家和调查对象根据自身的经验给出的相应分值。为了尽可能地增强调研数据的真实性与可靠性，受访对象皆为接受过良好教育并具有一定知识水平和沟通能力的高素质人群，同时他们与高技术企业有相应的联系。定性指标数据的分值设计为 1~10。其中 1 表示程度最差或重要性最低，10 表示程度最好或重要性最高，可以保留小数点后两位，如表 8.1 所示。

表 8.1　评价指标评分对照表

分值	1~2	3~4	5~6	7~8	9~10
程度	极差，非常差	很差，稍差	一般，稍好	很好，非常好	极好

（一）样本数据的信度分析

信度主要是指测量结果的可靠性、一致性和稳定性，即测验结果是否反映了被测者的稳定性、一贯性的真实特征。和信度相关的一个概念是效度，信度是效度的前提条件（耿瑞利和申静，2018）。信度只受随机误差的影响，随机误差越大，信度越低，因此，信度可以被视为测试结果受随机误差影响的程度。系统误差产生恒定效应，不影响信度。本书采用克龙巴赫 β（Cronbach's beta）系数对调查问卷的信度进行测量。克龙巴赫 β 系数是一个统计量，是指量表所有可能的项目划分方法的得到的折半信度系数的平均值，是最常用的信度测量方法。它最先被美国教育学家 Lee Cronbach 在 1951 年命名。克龙巴赫 β 系数常用于定距尺度的测试量表，其公式如下。

$$\beta = \frac{n}{n-1}\left|1 - \frac{\sum_{i=1}^{n} S_i^2}{S^2}\right| \qquad （8.14）$$

其中，n 为问卷的指标数目；S_i^2 为企业在第 i 项指标上的方差；S^2 为企业的方差。β 系数越大，说明调查问卷的信度越高；β 系数越小，说明调查问卷的信度越低。学术界普遍认为，信度可以接受的水平为当 $\beta \geqslant 0.7$ 时，属于高信度；当 $0.35 \leqslant \beta < 0.7$ 时，属于中等信度；当 $\beta < 0.35$ 时，为低信度。

本书主要采用数理统计方法进行数据分析，并运用 SPSS 23.0 统计分析软件进行数据处理。经检验，本次调查问卷的信度 $\beta = 0.7493$，检验结果表明该问卷的信度较好，可以做进一步分析。

（二）样本数据的效度分析

效度即有效性，它是指测量工具或手段能够准确测出所需测量的事物的程度和所测量到的结果反映所想要考察内容的程度，测量结果与要考察的内容越吻合，则效度越高；反之，则效度越低。通常来说，效度分为三种类型：内容效度、准则效度和结构效度。考虑数据的性质及数学方法的操作难易程度，本书拟采用因子分析定权法，因子负荷值越大（通常大于 0.5），表示收敛效度越高（马庆国，2002）。本书采用因子分析定权法分别对黑龙江省十家典型高技术企业知识产权管理系统的定性指标进行分析，从分析结果中各个维度均提取一个因子。由表 8.2 可以看出本书设计的调查问卷具有良好的信度。

表 8.2　调查问卷构念效度检验

统计量指标	KMO 检验值	Bartkett 检验卡方值	显著性水平	特征根
知识产权开发环境状况	0.735	668.254	0.00	2.755
知识产权开发过程	0.708	497.358	0.00	3.982
知识产权开发资源投入	0.716	568.346	0.00	3.647
知识产权开发产出	0.725	609.642	0.00	2.674

续表

统计量指标	KMO 检验值	Bartkett 检验卡方值	显著性水平	特征根
知识产权风险预警	0.866	466.834	0.00	3.731
知识产权协调与合作	0.806	599.157	0.00	2.579
知识产权监控	0.822	292.755	0.00	2.129
知识产权危机处置	0.847	361.189	0.00	2.524
知识产权运营方案决策	0.791	728.563	0.00	2.194
知识产权运营方案执行	0.949	378.547	0.00	2.176
知识产权运营保障	0.803	804.775	0.00	3.005
知识产权运营信息反馈	0.715	474.761	0.00	2.750
知识产权正式协同渠道	0.808	439.964	0.00	2.169
知识产权非正式协同渠道	0.785	585.947	0.00	2.549

第三节　高技术企业开放式知识产权管理系统评价及分析

一、知识产权开发子系统评价

相关性检验见表 8.3。根据数理统计理论，变量之间的相关性检验要求投入与产出指标之间的相关系数小于 0.95。如果此数值大于 0.95，说明各个指标之间表达的信息存在着重复现象，此时需要剔除一个信息重复指标，提高指标选取的精确度和科学性。指标数量的减少对于最终评价结果的有效性没有影响，而且通过精简指标可以提高 DEA 的区分能力。表 8.3 的结果表明，知识产权开发子系统的投入与产出指标之间的相关性都符合相关性检验的要求，总体上未呈现多重线性关系，本书不需要对其中的指标进行剔除。

表 8.3　知识产权开发子系统评价投入产出指标相关系数表

相关系数	x_1	x_2	x_3	x_4	x_5	x_6	x_7	y_1	y_2	y_3
x_1	1.000	—	—	—	—	—	—	—	—	—
x_2	0.405	1.000	—	—	—	—	—	—	—	—
x_3	0.679	0.071	1.000	—	—	—	—	—	—	—
x_4	0.108	0.425	0.563	1.000	—	—	—	—	—	—
x_5	0.068	0.048	0.465	0.404	1.000	—	—	—	—	—
x_6	0.524	0.062	0.098	0.238	0.428	1.000	—	—	—	—
x_7	0.121	0.306	0.489	0.714	0.504	0.045	1.000	—	—	—
y_1	0.176	0.468	0.693	0.904	0.615	0.135	0.824	1.000	—	—
y_2	0.548	0.443	0.728	0.583	0.198	0.559	0.632	0.713	1.000	—
y_3	0.586	0.393	0.652	0.533	0.195	0.552	0.344	0.489	0.842	1.000

高技术企业知识产权开发子系统评价旨在衡量高技术企业知识产权创造能力和科研

要素的投入产出能力，本书运用 DEA 经典评价模式–技术效率评价（CRR-I）结合选取的十家典型的高技术企业并对它们的知识产权开发子系统进行评价，评价结果如表 8.4 所示。

表 8.4　各高技术企业知识产权开发效率评价结果

决策单元	哈高科	新世纪	哈飞航空	东安汽车	龙电电气	哈药集团	信合科技	沃德科技	齐市北车	九三种业
总体效率	0.77	0.91	1.00	1.00	0.79	1.00	0.69	0.74	1.00	0.82
综合排名	8	5	1	1	7	1	10	9	1	6

注：因 4 家企业排名并列第 1，所以后面排序从 5 开始

本书运用 DEA 经典评价模式–技术效率评价对知识产权开发子系统进行评价，从表 8.4 中我们可以看出，利用 CCR 模型计算的十个典型高技术企业知识产权开发平均技术效率（average technical efficiency，ATE）值为 0.872，方差（variance，Var）为 0.130，四个决策单元 DEA 有效，六个决策单元非有效。效率最低的决策单元为信合科技（0.69），同时，非有效决策单元的技术效率值大多低于 ATE 值，可以看出，不同的高技术企业之间在知识产权开发效率方面不同，高技术企业间差异很大。

在所有 DEA 评价中，技术效率评价是最典型的评价方式，因为技术效率评价使用的是基于投入的 DEA 模型，即降低投入仍能达到原有的产出。技术效率值 TE 表示决策单元需要降低投入要素比例，在此情况下决策单元仍能达到其原来的有效前沿面。例如，哈高科这一决策单元的技术效率值 TE = 0.77，说明只有 77% 的投入是有效的，意味着将其投入降低到现有水平的 77% 仍能达到原来的产出水平，有 23% 的投入资源浪费了。

在纯技术效率评价中，通过表 8.4 得知，有效决策单元有四个，分别是哈飞航空、东安汽车、哈药集团、齐市北车；非有效决策单元共有六个，这六个非有效决策单元的实际值和投影值的比较具体见表 8.5。以哈高科为例，从表 8.5 可以看出，其指标值 y_3 科技（商业）秘密占研发项目比率的差距最大，差距百分比为 101.50%，说明哈高科需要进一步加强科技（商业）秘密占研发项目的比重，指标值 y_2（专利授权成功率）差距百分比为 0，说明哈高科在专利申请和授权方面效率较高，需要进一步保持，对于其他技术效率值不为 1 的高技术企业也可以进行类似的分析。为了分析更加直观，本书应用 Excel 的绘图工具，对技术效率值不为 1 的高技术企业绘制实际值、投影值和距离比较（投入的差距为负值，产出的差距为正值，距离则为绝对值，一定是正值）的折线图，如图 8.1～图 8.6 所示。

表 8.5　知识产权开发子系统评价实际值和投影值比较

DMU	指标值	实际值	投影值	差值	差距百分比
哈高科（0.77）	x_1	8.00	4.70	−3.30	−41.25%
	x_2	7.00	5.37	−1.63	−23.29%
	x_3	23.00	10.07	−12.93	−56.22%
	x_4	27.00	10.07	−16.93	−62.70%
	x_5	59.00	40.28	−18.72	−31.73%
	x_6	7.00	5.37	−1.63	−23.29%
	x_7	6.00	2.01	−3.99	−66.50%

续表

DMU	指标值	实际值	投影值	差值	差距百分比
哈高科 （0.77）	y_1	10.00	11.41	1.41	14.10%
	y_2	47.00	47.00	0.00	0
	y_3	4.00	8.06	4.06	101.50%
新世纪 （0.91）	x_1	8.00	6.30	−1.70	−21.25%
	x_2	8.00	7.20	−0.80	−10.00%
	x_3	26.00	13.50	−12.50	−48.08%
	x_4	16.00	13.50	−2.50	−15.63%
	x_5	62.00	54.00	−8.00	−12.90%
	x_6	8.00	7.20	−0.80	−10.00%
	x_7	5.00	2.70	−2.30	−46.00%
	y_1	15.00	15.30	0.30	2.00%
	y_2	63.00	63.00	0.00	0
	y_3	10.00	10.80	0.80	8.00%
龙电电气 （0.79）	x_1	7.00	5.50	−1.50	−21.43%
	x_2	7.00	5.50	−1.50	−21.43%
	x_3	29.00	11.92	−17.08	−58.90%
	x_4	29.00	15.58	−13.42	−46.28%
	x_5	68.00	51.33	−16.67	−24.51%
	x_6	9.00	6.42	−2.58	−28.67%
	x_7	7.00	4.58	−2.42	−34.57%
	y_1	6.00	13.75	7.75	129.17%
	y_2	55.00	55.00	0.00	0
	y_3	7.00	7.33	0.33	4.76%
信合科技 （0.69）	x_1	9.00	4.20	−4.80	−53.33%
	x_2	7.00	4.80	−2.20	−31.43%
	x_3	32.00	9.00	−23.00	−71.88%
	x_4	27.00	9.00	−18.00	−66.67%
	x_5	64.00	36.00	−28.00	−43.75%
	x_6	7.00	4.80	−2.20	−31.43%
	x_7	7.00	1.80	−5.20	−74.29%
	y_1	5.00	10.20	5.20	104.00%
	y_2	42.00	42.00	0.00	0
	y_3	3.00	7.20	4.20	140.00%

续表

DMU	指标值	实际值	投影值	差值	差距百分比
沃德科技 （0.74）	x_1	8.00	3.90	−4.10	−51.25%
	x_2	7.00	4.46	−2.54	−36.29%
	x_3	28.00	8.36	−19.64	−70.14%
	x_4	22.00	8.36	−13.64	−62.00%
	x_5	63.00	33.43	−29.57	−46.94%
	x_6	6.00	4.46	−1.54	−25.67%
	x_7	8.00	1.67	−6.33	−79.13%
	y_1	8.00	9.47	1.47	18.38%
	y_2	39.00	39.00	0.00	0
	y_3	5.00	6.69	1.69	33.80%
九三种业 （0.82）	x_1	7.00	4.52	−2.48	−35.43%
	x_2	6.00	4.92	−1.08	−18.00%
	x_3	28.00	11.36	−16.64	−59.43%
	x_4	24.00	16.29	−7.71	−32.13%
	x_5	69.00	46.46	−22.54	−32.67%
	x_6	8.00	6.06	−1.94	−24.25%
	x_7	6.00	4.92	−1.08	−18.00%
	y_1	6.00	8.18	2.18	36.33%
	y_2	46.00	46.00	0.00	0
	y_3	8.00	8.00	0.00	0

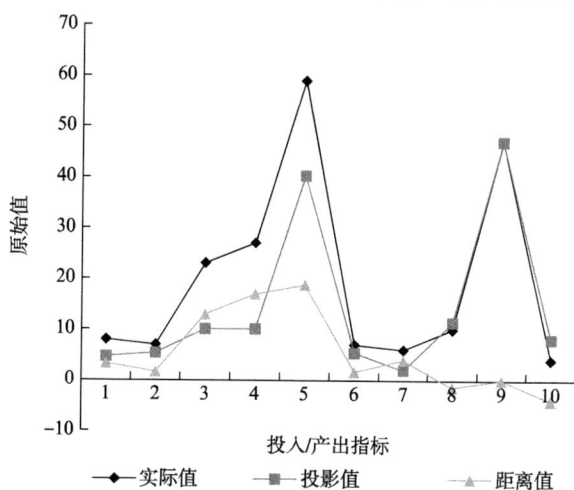

图 8.1　哈高科知识产权开发子系统评价实际值、投影值和距离值比较

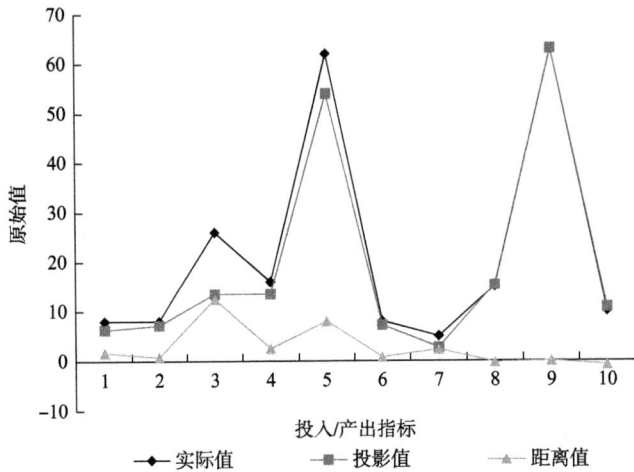

图 8.2 新世纪知识产权开发子系统评价实际值、投影值和距离值比较

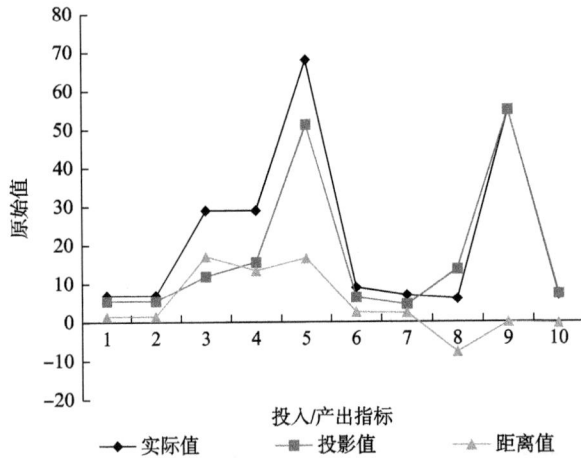

图 8.3 龙电电气知识产权开发子系统评价实际值、投影值和距离值比较

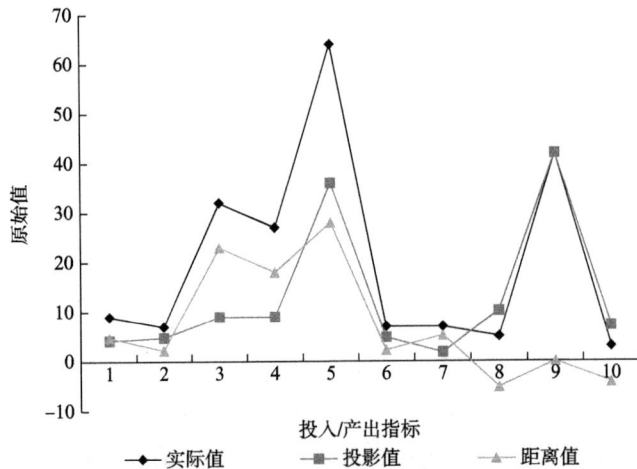

图 8.4 信合科技知识产权开发子系统评价实际值、投影值和距离值比较

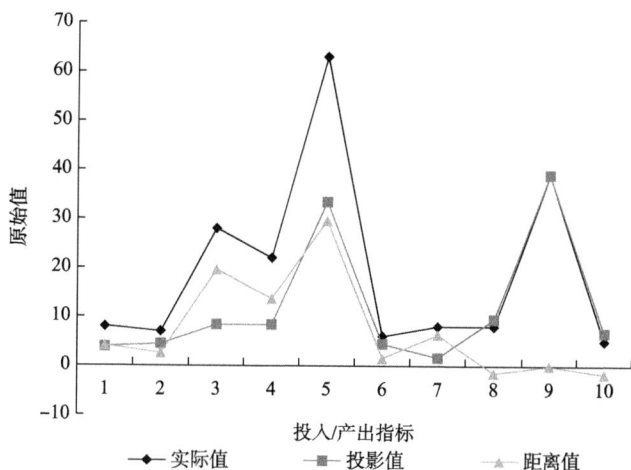

图 8.5　沃德科技知识产权开发子系统评价实际值、投影值和距离值比较

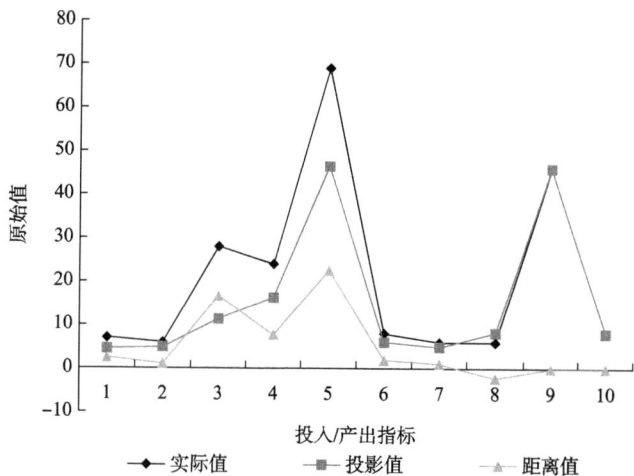

图 8.6　九三种业知识产权开发子系统评价实际值、投影值和距离值比较

根据 DEA 模型得出的结果，哈飞航空、东安汽车等四个高技术企业的知识产权开发效率均为 1，无法进一步区分或从深层次分析效率存在差异的原因，现采用 TOPSIS 评价效率为 1 的决策单元。通过上文介绍的 TOPSIS 的计算步骤和公式，得出四个决策单元与理想样本点和负理想样本点的贴近度及排序，如表 8.6 所示。

表 8.6　基于 DEA-TOPSIS 模型的知识产权开发有效决策单元效率排序

决策单元	哈飞航空	东安汽车	哈药集团	齐市北车
d_j（贴近度）	0.76	0.47	0.66	0.50
DEA-TOPSIS 排序	1	4	2	3

二、知识产权保护子系统评价

高技术企业知识产权保护子系统评价旨在衡量高技术企业知识产权侵权与被侵权事

件的防范能力和知识产权管理能力，相关性检验见表 8.7，结果表明知识产权保护子系统的投入与产出指标之间的相关性都符合相关性检验的要求，不需要被剔除。

表 8.7　知识产权保护子系统评价投入产出指标相关系数表

相关系数	x_1	x_2	x_3	x_4	x_5	x_6	x_7	y_1	y_2	y_3
x_1	1.000	—	—	—	—	—	—	—	—	—
x_2	0.009	1.000	—	—	—	—	—	—	—	—
x_3	0.250	0.588	1.000	—	—	—	—	—	—	—
x_4	0.084	0.142	0.065	1.000	—	—	—	—	—	—
x_5	0.323	0.033	0.043	0.130	1.000	—	—	—	—	—
x_6	0.371	0.405	0.474	0.624	0.252	1.000	—	—	—	—
x_7	0.172	0.421	0.506	0.580	0.142	0.405	1.000	—	—	—
y_1	0.342	0.227	0.607	0.043	0.186	0.367	0.334	1.000	—	—
y_2	0.559	0.146	0.433	0.110	0.249	0.355	0.219	0.864	1.000	—
y_3	0.436	0.346	0.133	0.199	0.007	0.295	0.171	0.695	0.770	1.000

运用 DEA 法，本书将选取的各高技术企业知识产权保护效率评价结果汇总如下（表 8.8）。

表 8.8　各高技术企业知识产权保护效率评价结果

决策单元	哈高科	新世纪	哈飞航空	东安汽车	龙电电气	哈药集团	信合科技	沃德科技	齐市北车	九三种业
总体效率	1.00	1.00	1.00	0.82	0.93	1.00	1.00	0.63	0.97	1.00
综合排名	1	1	1	9	8	1	1	10	7	1

注：因 6 家企业排名并列第 1，所以后面排序从 7 开始

从表 8.8 中我们可以看出，利用 CCR 模型计算的十个典型高技术企业知识产权保护 ATE 值为 0.935，Var 为 0.015，六个决策单元 DEA 有效，四个决策单元非有效。效率最低的决策单元为沃德科技（0.63），可以看出，多数企业的知识产权保护效率较高，整体上，各个高技术企业知识产权保护水平接近。

在对十家高技术企业知识产权保护子系统运行情况进行效率评价的过程中，我们将效率不为 1 的决策单元的效率实际值和投影值做比较，见表 8.9。以东安汽车为例，从表 8.9 可以看出，指标值 x_7 的差距最大，差距百分比为 51.25%，说明东安汽车在知识产权的风险阈值设定方面效率低下，需要进一步提高效率。

表 8.9　知识产权保护子系统评价实际值和投影值比较

DMU	指标值	实际值	投影值	差值	差距百分比
东安汽车 （0.82）	x_1	6.00	4.92	−1.08	−18.00%
	x_2	7.00	5.49	−1.51	−21.57%
	x_3	8.00	6.14	−1.86	−23.25%
	x_4	6.00	4.92	−1.08	−18.00%

续表

DMU	指标值	实际值	投影值	差值	差距百分比
东安汽车 （0.82）	x_5	7.00	4.99	−2.01	−28.71%
	x_6	9.00	5.28	−3.72	−41.33%
	x_7	8.00	3.90	−4.10	−51.25%
	y_1	6.00	6.29	0.29	4.83%
	y_2	6.00	6.00	0.00	0
	y_3	6.00	6.00	0.00	0
龙电电气 （0.93）	x_1	5.00	4.67	−0.33	−6.60%
	x_2	8.00	4.67	−3.33	−41.63%
	x_3	7.00	5.33	−1.67	−23.86%
	x_4	6.00	5.33	−0.67	−11.17%
	x_5	7.00	4.67	−2.33	−33.29%
	x_6	8.00	4.00	−4.00	−50.00%
	x_7	8.00	4.00	−4.00	−50.00%
	y_1	6.00	6.00	0.00	0
	y_2	5.00	6.67	1.67	33.40%
	y_3	4.00	6.00	2.00	50.00%
沃德科技 （0.63）	x_1	7.00	3.89	−3.11	−44.43%
	x_2	9.00	4.10	−4.90	−54.48%
	x_3	9.00	4.65	−4.35	−48.33%
	x_4	8.00	4.03	−3.97	−49.63%
	x_5	7.00	3.89	−3.11	−44.43%
	x_6	6.00	3.75	−2.25	−37.50%
	x_7	5.00	3.13	−1.88	−37.40%
	y_1	5.00	5.00	0.00	0
	y_2	5.00	5.14	0.14	2.80%
	y_3	4.00	4.79	0.79	19.78%
齐市北车 （0.97）	x_1	8.00	6.47	−1.53	−19.13%
	x_2	9.00	6.33	−2.67	−29.67%
	x_3	8.00	7.37	−0.63	−7.88%
	x_4	7.00	6.82	−0.18	−2.57%
	x_5	7.00	6.47	−0.53	−7.57%
	x_6	6.00	5.84	−0.16	−2.67%
	x_7	7.00	5.43	−1.57	−22.43%
	y_1	8.00	8.00	0.00	0
	y_2	7.00	8.63	1.63	23.29%
	y_3	8.00	8.00	0.00	0

　　同样，为了直观分析各个高技术企业的知识产权保护水平，本书对效率不为 1 的高技术企业绘制折线图，如图 8.7～图 8.10 所示。

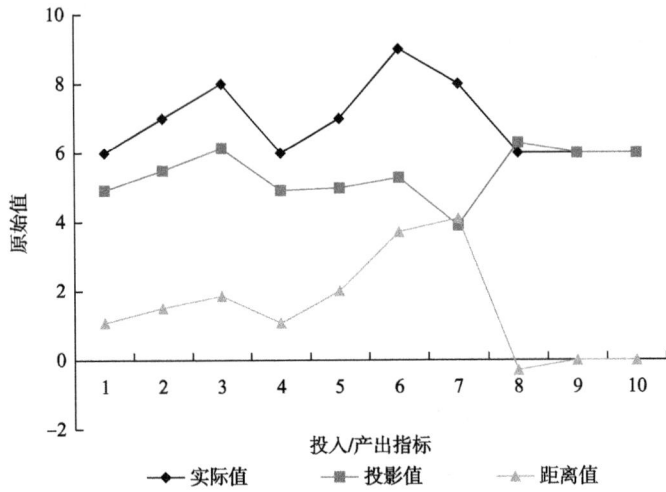

图 8.7　东安汽车知识产权保护子系统评价实际值、投影值和距离值比较

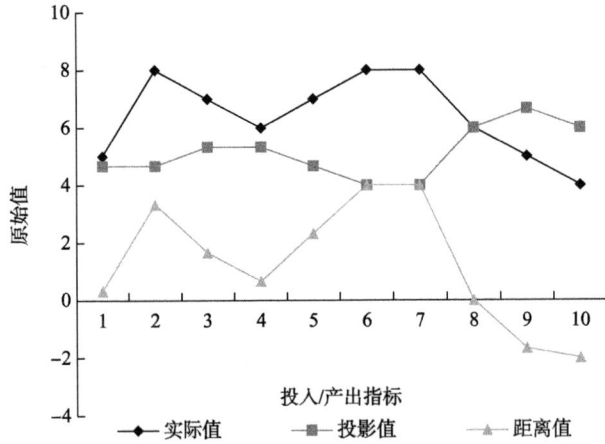

图 8.8　龙电电气知识产权保护子系统评价实际值、投影值和距离值比较

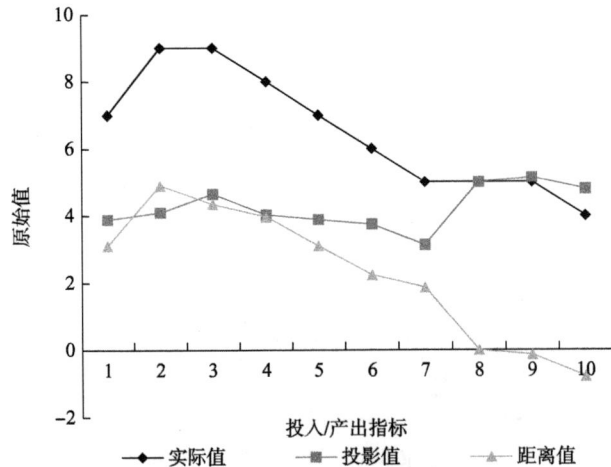

图 8.9　沃德科技知识产权保护子系统评价实际值、投影值和距离值比较

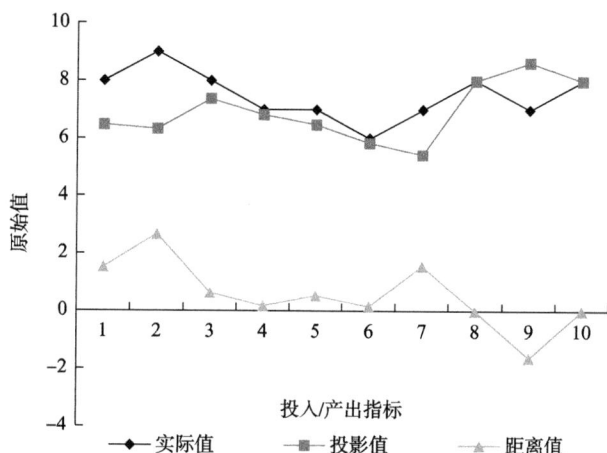

图 8.10　齐市北车知识产权保护子系统评价实际值、投影值和距离值比较

根据 DEA 模型得出的结果，哈高科、新世纪等六个高技术企业的知识产权保护效率均为 1，本书同样可采用 TOPSIS 评价效率为 1 的决策单元，得出六个决策单元与理想样本点和负理想样本点的贴近度及排序，如表 8.10 所示。

表 8.10　基于 DEA-TOPSIS 模型的知识产权保护有效决策单元效率排序

决策单元	哈高科	新世纪	哈飞航空	哈药集团	信合科技	九三种业
d_j（贴近度）	0.60	0.37	0.43	0.38	0.54	0.57
DEA-TOPSIS 排序	1	6	4	5	3	2

三、知识产权运营子系统评价

高技术企业知识产权运营子系统评价旨在衡量高技术企业知识产权转化为现实生产力和市场价值的能力，包括科研–知识产权、知识产权–商业价值两方面，本书运用 DEA 法，得到各个变量的相关性检验，见表 8.11，符合相关性检验要求。

表 8.11　知识产权运营子系统评价投入产出指标相关系数表

相关系数	x_1	x_2	x_3	x_4	x_5	x_6	y_1	y_2
x_1	1.000	—	—	—	—	—	—	—
x_2	0.401	1.000	—	—	—	—	—	—
x_3	0.339	0.273	1.000	—	—	—	—	—
x_4	0.383	0.381	0.110	1.000	—	—	—	—
x_5	0.524	0.795	0.128	0.578	1.000	—	—	—
x_6	0.430	0.397	0.440	0.249	0.151	1.000	—	—
y_1	0.471	0.186	0.004	0.178	0.148	0.091	1.000	—
y_2	0.333	0.440	0.028	0.032	0.310	0.299	0.279	1.000

本书将选取的各高技术企业知识产权运营效率评价结果汇总如下（表8.12）。

表8.12 各高技术企业知识产权运营效率评价结果

决策单元	哈高科	新世纪	哈飞航空	东安汽车	龙电电气	哈药集团	信合科技	沃德科技	齐市北车	九三种业
总体效率	0.98	1.00	1.00	0.80	0.79	1.00	0.64	0.73	1.00	0.92
综合排名	5	1	1	7	8	1	10	9	1	6

注：因4家企业排名并列第一，所以后面排序从5开始

从表8.12中我们可以看出，利用 CCR 模型计算的十个典型高技术企业知识产权运营 ATE 值为 0.886，Var 为 0.018，四个决策单元 DEA 有效，六个决策单元非有效。效率最低的决策单元为信合科技（0.64），通过表8.12可知，不同高技术企业的知识产权运营效率存在很大的差异，二级分化现象较明显。

同上，在对知识产权运营子系统进行评价的过程中，去除效率值为1的决策单元，将剩余的效率不为1的决策单元的效率实际值和投影值做比较，见表8.13。以哈高科为例，从表8.13可以看出，指标值 x_2 的差距最大，差距百分比为 28.75%，说明哈高科的企业未来发展远景制定需要进一步提高效率。

表8.13 知识产权运营子系统评价实际值和投影值比较

DMU	指标值	实际值	投影值	差值	差距百分比
哈高科 （0.98）	x_1	6.00	5.70	−0.30	−5.00%
	x_2	8.00	5.70	−2.30	−28.75%
	x_3	5.00	4.89	−0.11	−2.20%
	x_4	6.00	5.70	−0.30	−5.00%
	x_5	7.00	5.70	−1.30	−18.57%
	x_6	8.00	7.33	−0.67	−8.38%
	y_1	22.00	22.00	0.00	0
	y_2	9.00	16.30	7.30	81.11%
东安汽车 （0.80）	x_1	7.00	4.69	−2.31	−33.00%
	x_2	7.00	4.46	−2.54	−36.29%
	x_3	7.00	5.59	−1.41	−20.14%
	x_4	7.00	3.45	−3.55	−50.71%
	x_5	9.00	4.68	−4.32	−48.00%
	x_6	6.00	4.80	−1.20	−20.00%
	y_1	18.00	18.00	0.00	0
	y_2	13.00	13.00	0.00	0
龙电电气 （0.79）	x_1	8.00	4.09	−3.91	−48.88%
	x_2	6.00	4.77	−1.23	−20.50%
	x_3	8.00	3.41	−4.59	−57.38%

续表

DMU	指标值	实际值	投影值	差值	差距百分比
龙电电气 （0.79）	x_4	8.00	2.73	−5.27	−65.88%
	x_5	7.00	4.09	−2.91	−41.57%
	x_6	8.00	4.77	−3.23	−40.38%
	y_1	6.00	12.95	6.95	115.83%
	y_2	15.00	15.00	0.00	0
信合科技 （0.64）	x_1	8.00	3.82	−4.18	−52.25%
	x_2	7.00	4.45	−2.55	−36.43%
	x_3	6.00	3.18	−2.82	−47.00%
	x_4	5.00	2.55	−2.45	−49.00%
	x_5	7.00	3.82	−3.18	−45.43%
	x_6	8.00	4.45	−3.55	−44.38%
	y_1	9.00	12.09	3.09	34.33%
	y_2	14.00	14.00	0.00	0
沃德科技 （0.73）	x_1	6.00	3.99	−2.01	−33.50%
	x_2	7.00	4.25	−2.75	−39.29%
	x_3	6.00	4.39	−1.61	−26.83%
	x_4	8.00	3.17	−4.83	−60.38%
	x_5	7.00	4.37	−2.63	−37.57%
	x_6	6.00	4.39	−1.61	−26.83%
	y_1	16.00	16.00	0.00	0
	y_2	12.00	12.00	0.00	0
九三种业 （0.92）	x_1	5.00	3.32	−1.68	−33.60%
	x_2	3.00	2.76	−0.24	−8.00%
	x_3	5.00	4.61	−0.39	−7.80%
	x_4	5.00	2.58	−2.42	−48.40%
	x_5	4.00	3.32	−0.68	−17.00%
	x_6	7.00	3.13	−3.87	−55.29%
	y_1	14.00	14.00	0.00	0
	y_2	7.00	7.55	0.55	7.86%

为了直观分析各高技术企业的知识产权运营水平，本书对效率不为 1 的高技术企业绘制折线图，如图 8.11～图 8.16 所示。

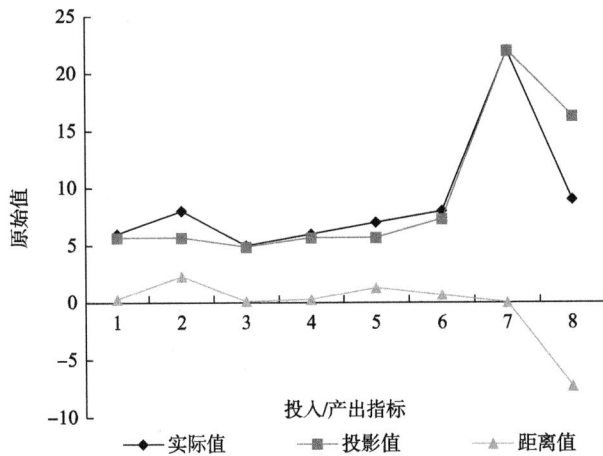

图 8.11　哈高科知识产权运营子系统评价实际值、投影值和距离值比较

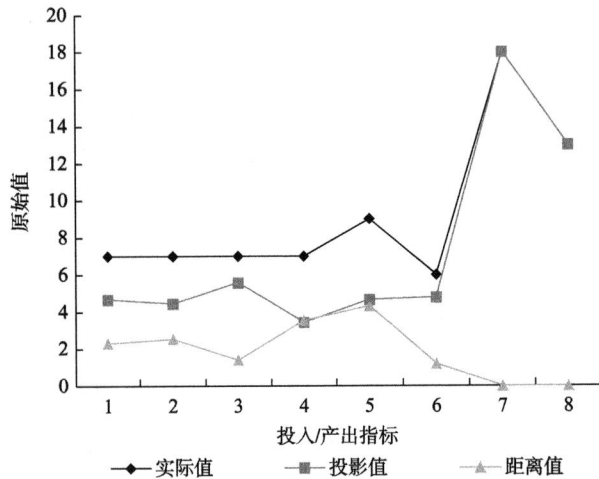

图 8.12　东安汽车知识产权运营子系统评价实际值、投影值和距离值比较

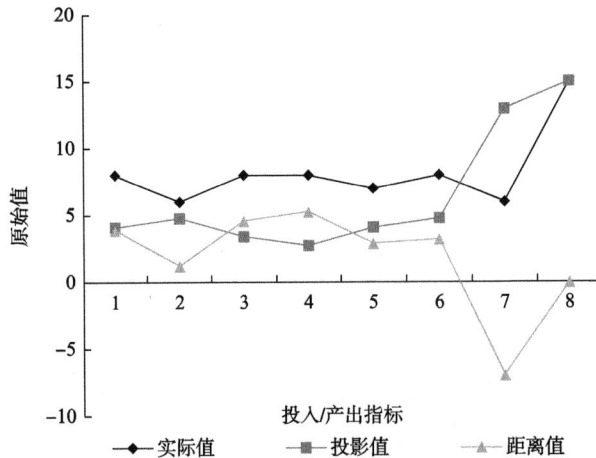

图 8.13　龙电电气知识产权运营子系统评价实际值、投影值和距离值比较

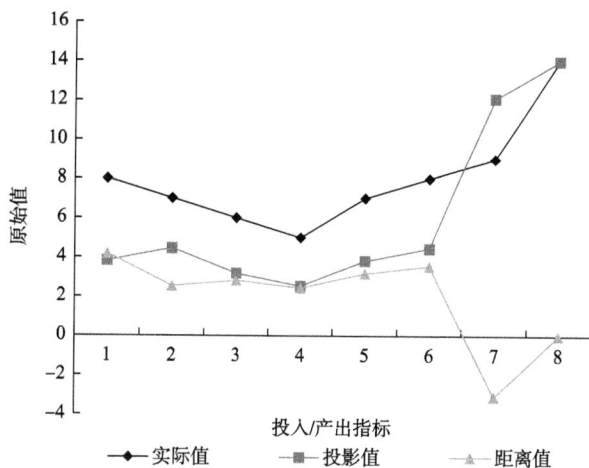

图 8.14 信合科技知识产权运营子系统评价实际值、投影值和距离值比较

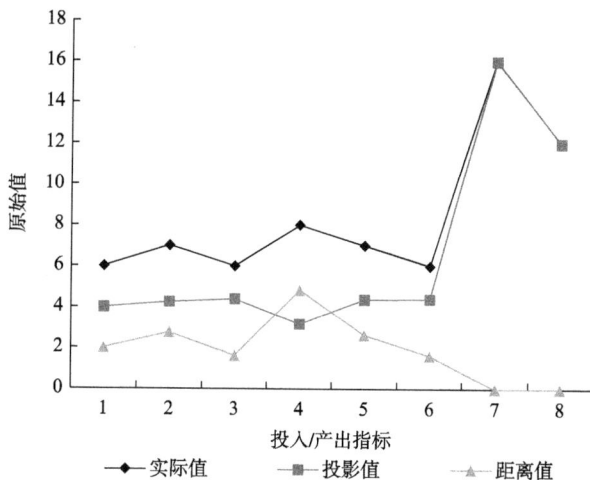

图 8.15 沃德科技知识产权运营子系统评价实际值、投影值和距离值比较

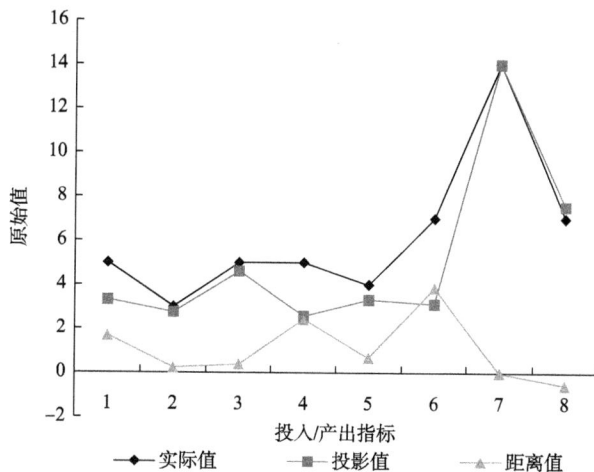

图 8.16 九三种业知识产权运营子系统评价实际值、投影值和距离值比较

根据 DEA 模型得出的结果，新世纪、哈飞航空等四个高技术企业的知识产权运营效率为 1，下面采用 TOPSIS 评价效率为 1 的决策单元，得出四个决策单元与理想样本点和负理想样本点的贴近度及排序，如表 8.14 所示。

表 8.14　基于 DEA-TOPSIS 模型的知识产权运营有效决策单元效率排序

决策单元	新世纪	哈飞航空	哈药集团	齐市北车
d_j（贴近度）	0.31	0.53	0.38	0.60
DEA-TOPSIS 排序	4	2	3	1

四、知识产权协同子系统评价

高技术企业知识产权协同子系统评价旨在衡量高技术企业在知识产权合作，信息、知识交流共享过程中能够及时有效解决矛盾、促进合作共赢的协调能力，相关性检验见表 8.15。结果表明知识产权协同子系统的投入与产出指标之间的相关性都符合相关性检验的要求，不需要被剔除。

表 8.15　知识产权协同子系统评价投入产出指标相关系数表

相关系数	x_1	x_2	x_3	x_4	x_5	x_6	x_7	y_1	y_2	y_3
x_1	1.000	—	—	—	—	—	—	—	—	—
x_2	0.017	1.000	—	—	—	—	—	—	—	—
x_3	0.131	0.425	1.000	—	—	—	—	—	—	—
x_4	0.035	0.258	0.059	1.000	—	—	—	—	—	—
x_5	0.046	0.072	0.101	0.122	1.000	—	—	—	—	—
x_6	0.312	0.236	0.256	0.437	0.184	1.000	—	—	—	—
x_7	0.228	0.135	0.417	0.360	0.132	0.277	1.000	—	—	—
y_1	0.257	0.266	0.439	0.062	0.359	0.438	0.231	1.000	—	—
y_2	0.417	0.402	0.276	0.248	0.169	0.290	0.182	0.522	1.000	—
y_3	0.284	0.417	0.652	0.542	0.344	0.102	0.359	0.426	0.354	1.000

运用 DEA 法，本书将选取的各高技术企业知识产权协同效率评价结果汇总如表 8.16 所示。

表 8.16　各高技术企业知识产权协同效率评价结果

决策单元	哈高科	新世纪	哈飞航空	东安汽车	龙电电气	哈药集团	信合科技	沃德科技	齐市北车	九三种业
总体效率	1.00	1.00	1.00	0.76	0.79	1.00	1.00	0.72	0.81	1.00
综合排名	1	1	1	9	8	1	1	10	7	1

注：因 6 家企业排名并列第 1，因此后面排序从 7 开始

从表 8.16 中我们可以看出，利用 CCR 模型计算的十个典型高技术企业知识产权协

同 ATE 值为 0.908，Var 为 0.013，六个决策单元 DEA 有效，四个决策单元非有效。效率最低的决策单元为沃德科技（0.72），可以看出，所选取的高技术企业整体知识产权协同效率较低，企业间知识产权协同能力差距较大。

在对十家高技术企业协同子系统运行情况进行效率评价的过程中，我们将效率不为 1 的决策单元的效率实际值和投影值做比较，见表 8.17。以沃德科技为例，从表 8.17 可以看出，指标值 y_3 的差距最大，差距百分比为 27.71%，说明沃德科技在企业间沟通渠道上存在渠道不畅的问题，需进一步完善。

表 8.17 知识产权协同子系统评价实际值和投影值比较

DMU	指标值	实际值	投影值	差值	差距百分比
东安汽车（0.76）	x_1	9.00	7.17	−1.83	−20.33%
	x_2	8.00	6.02	−1.98	−24.75%
	x_3	8.00	7.29	−0.71	−8.88%
	x_4	5.00	3.99	−1.01	−20.20%
	x_5	8.00	6.54	−1.46	−18.25%
	x_6	7.00	5.37	−1.63	−23.29%
	x_7	7.00	7.06	0.06	0.86%
	y_1	7.00	8.03	1.03	14.71%
	y_2	8.00	6.71	−1.29	−16.13%
	y_3	6.00	6.00	0.00	0
龙电电气（0.79）	x_1	4.00	4.26	0.26	6.50%
	x_2	8.00	7.26	−0.74	−9.25%
	x_3	5.00	6.09	1.09	21.80%
	x_4	8.00	6.30	−1.70	−21.25%
	x_5	7.00	5.49	−1.51	−21.57%
	x_6	7.00	7.00	0.00	0
	x_7	8.00	6.25	−1.75	−21.88%
	y_1	6.00	6.77	0.77	12.83%
	y_2	6.00	5.83	−0.17	−2.83%
	y_3	7.00	7.26	0.26	3.71%
沃德科技（0.72）	x_1	6.00	7.00	1.00	16.67%
	x_2	7.00	8.30	1.30	18.57%
	x_3	8.00	6.36	−1.64	−20.50%
	x_4	5.00	5.03	0.03	0.60%
	x_5	9.00	7.42	−1.58	−17.56%

续表

DMU	指标值	实际值	投影值	差值	差距百分比
沃德科技 （0.72）	x_6	9.00	7.86	−1.14	−12.67%
	x_7	6.00	4.96	−1.04	−17.33%
	y_1	5.00	5.00	0.00	0
	y_2	7.00	5.84	−1.16	−16.57%
	y_3	7.00	5.06	−1.94	−27.71%
齐市北车 （0.81）	x_1	7.00	6.18	−0.82	−11.71%
	x_2	8.00	8.16	0.16	2.00%
	x_3	8.00	8.00	0.00	0
	x_4	9.00	7.96	−1.04	−11.56%
	x_5	6.00	5.39	−0.61	−10.17%
	x_6	5.00	5.66	0.66	13.20%
	x_7	8.00	7.83	−0.17	−2.13%
	y_1	9.00	9.00	0.00	0
	y_2	8.00	7.42	−0.58	−7.25%
	y_3	7.00	6.65	−0.35	−5.00%

为了直观分析各个高技术企业的知识产权协同水平，本书对效率不为 1 的高技术企业绘制折线图，如图 8.17～图 8.20 所示。

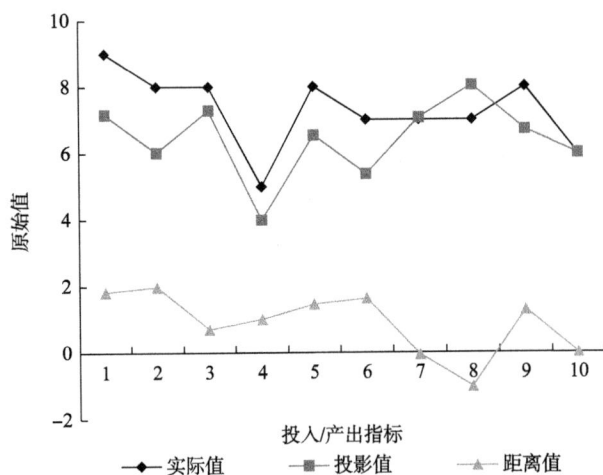

图 8.17　东安汽车知识产权运营子系统评价实际值、投影值和距离值比较

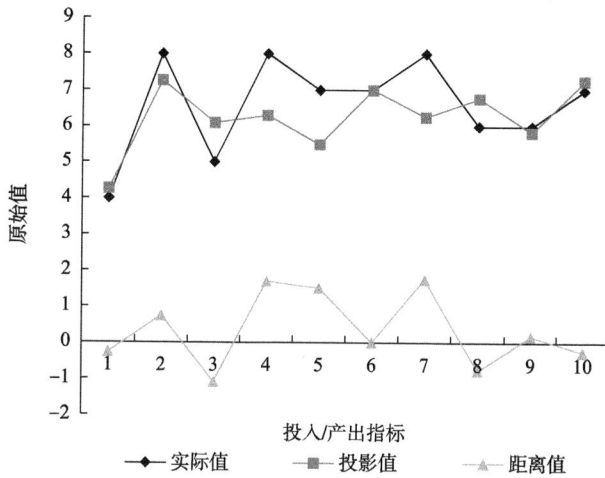

图 8.18　龙电电气知识产权运营子系统评价实际值、投影值和距离值比较

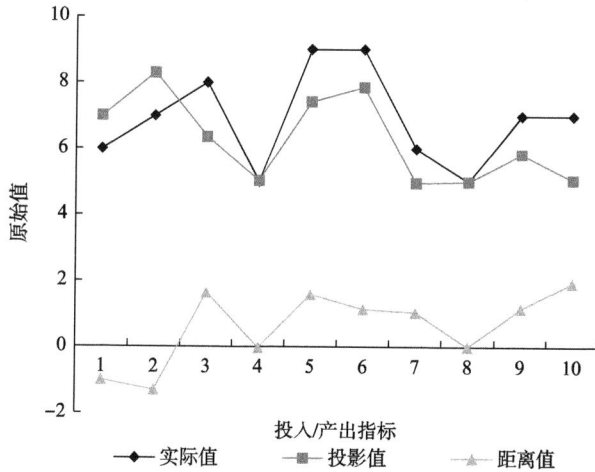

图 8.19　沃德科技知识产权运营子系统评价实际值、投影值和距离值比较

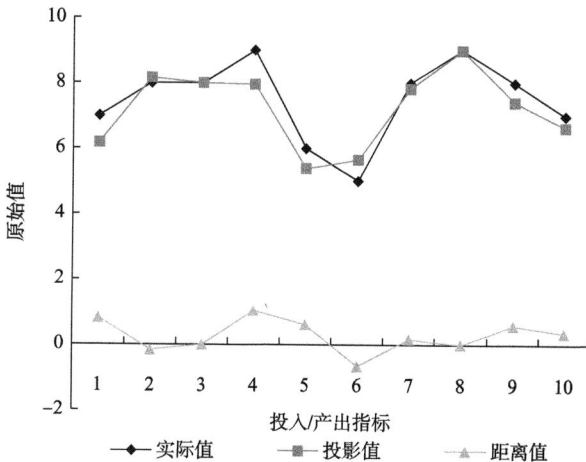

图 8.20　齐市北车知识产权运营子系统评价实际值、投影值和距离值比较

根据 DEA 模型得出的结果，哈高科、新世纪等六个高技术企业的知识产权协同效率均为 1，同样可采用 TOPSIS 评价效率为 1 的决策单元，得出六个决策单元与理想样本点和负理想样本点的贴近度及排序，如表 8.18 所示。

表 8.18　基于 DEA-TOPSIS 模型的知识产权协同有效决策单元效率排序

决策单元	哈高科	新世纪	哈飞航空	哈药集团	信合科技	九三种业
d_j（贴近度）	0.76	0.49	0.62	0.71	0.26	0.50
DEA-TOPSIS 排序	1	5	3	2	6	4

五、评价结果分析

（一）知识产权开发子系统评价结果分析

通过知识产权开发效率评价结果可知，所选取的十家高技术企业的知识产权开发水平各异，呈现"M"式分布，即高效率和低效率的企业占了样本的多数。除去四家有效率的企业，效率值在平均线以上的企业仅有一家，可以看出，在知识产权开发环节上，企业自身的规模、科研实力及资源优势起到了决定性的作用。处在上升期的企业，尤其应注意知识产权开发资源的使用去向，发掘和集中一切可用资源努力提高知识产权开发的资源利用率；而科研实力雄厚的高技术企业，则应在保证开发效率的前提下巩固建立起来的技术优势，不断产出新技术、新成果。

（二）知识产权保护子系统评价结果分析

根据知识产权保护子系统的评价结果可以看出，样本企业的知识产权保护效率普遍较高，有效率高达 60%，整体样本呈"倒三角"分布。从各指标的原始数据层面上进行分析可知，效率最低的是沃德科技，沃德科技的知识产权保护相关资源投入与其他高技术企业的投入持平，但是知识产权保护的产出——知识产权保护的效果较差，说明沃德科技的知识产权保护系统在运行方面存在问题，主要问题是资源的利用率较低。本书建议企业建立完备的资源利用机制，严格规范各种资源的投入，提高资源的使用效率。从整体层面上进行分析可知，知识产权保护成果的好坏主要取决于企业自身的主观因素，对其他硬件的要求相对较低，即企业的知识产权保护意识、保护措施、保护制度的完善性等因素是影响高技术企业知识产权保护效率的主要因素。因此，综合实力较强的高技术企业应充分认识到知识产权保护的这一特性，在新项目、新成果的开发和运营过程中也要充分注重知识产权的保护，避免知识产权保护成为制约自身发展的薄弱环节；综合实力稍弱的高技术企业则应首先保护好已有知识产权，在对自身知识产权充分保护和运用的前提下采用多种途径，在知识产权开发和运营等方面实现突破。

（三）知识产权运营子系统评价结果分析

同知识产权开发子系统类似，样本企业的知识产权运营水平同样存在较大的差距，整体态势呈"沙漏式"分布，即效率较高的决策单元和效率较低的决策单元占总体比重高，效率中等的决策单元较少。出现这种现象的原因在于高技术企业的发展有明显规模效益特征：高技术企业的科技水平越高，生产专业化水平越强，越具有规模效益，知识产权运营效率也就越高。对于知识产权运营效率较低的高技术企业来说，应不断调整、优化自身知识产权运营结构，努力加大知识产权运营的资源投入，尽可能吸收先进的专利、资金等资源，培养、引进高素质的知识产权人才，扩大企业自身规模和增强企业综合实力，使现有闲置的知识产权运营能力得到充分利用，从而提高企业自身的知识产权运营效率。

（四）知识产权协同子系统评价结果分析

根据知识产权协同子系统的评价结果可以看出，样本企业的知识产权协同效率尚可，有效率维持在60%的水平。结合最后的评价结果可知，沃德科技的知识产权协同管理水平存在严重的结构问题，即该企业在知识产权协同资源调配、知识产权协同效率方面均存在问题。由于协同资源的利用率较低，可能在企业间知识产权合作、知识交流、专利共享等方面未能达到既定效果，或者种种协同方式流于形式而并未获得实质性进展。建议企业根据知识产权协同需要就核心协同问题建立健全协同机制，在科技创新资源投入时，应实现创新要素和资源在合作企业间流动与共享；在科技创新过程中，实现各参与主体间合作研发、联合攻关；在技术成果或知识产权成果形成后，实现知识产权成果合理分配和共享。最终，在企业内部及相关企业之间，实现创新源头的统一规划，以及创新过程中各参与主体科技基础的有机结合、创新资源的充分和有效利用、知识或技术的顺畅转移，使协同各方既有分工又密切协同，形成一批拥有自主知识产权的核心技术。

（五）主题系统评价结果分析

根据高技术企业知识产权管理系统评价结果，哈飞航空和哈药集团的知识产权管理整体有效，这两家高技术企业在知识产权开发、保护、运营、协同方面均具备相当高的水平，在今后的发展中应在保持住已有的优势，同时争取获得具有国际竞争力的知识产权，增强企业在国际市场中的影响力。

非有效的决策单元又可分为三档：哈高科、新世纪、齐市北车和九三种业为一档，这些企业的知识产权管理水平相对较高，从子系统的评价结果中也可看出，这四家高技术企业均在某个环节占据一定的优势。因此，这四家企业应注重各自薄弱环节的投入/产出效率，使企业知识产权管理工作全面发展。

第二档企业为东安汽车、龙电电气，这两家企业的知识产权管理水平在样本企业中处于中游，知识产权的各个环节均有一定的效率，但是都没有达到理想的水平。因此，这两家企业应注重知识产权相关资源的调配，通过恰当的知识产权管理手段，平衡相关资源在各个环节过程中的比重，确保每个环节都高效工作，逐步提升高技术企业知识产权管理整体水平。

第三档的企业为信合科技和沃德科技，这两家企业的知识产权管理水平在所选取的样本企业中排名靠后。通过原始资料的分析发现，经济因素是导致这种差距的主要原因，这两家企业应重点关注知识产权资源投入过少的问题，应逐步树立和增强知识产权战略意识，全力改善企业自身的融资环境，结合本企业资源分布的特点优先进行急需的科研或集中优势进行知识产权的成果转化工作，从知识产权战略高度建立知识产权资源投入机制，不断缩小与其他高技术企业的差距。

第四节　区域高技术企业开放式知识产权管理绩效评价

以上研究运用 GEM-DEA-TOPSIS 法对具体高技术企业开放式知识产权管理水平进行评价，本节内容着眼于区域高技术企业开放式知识产权管理绩效的评价，拟基于最优组合赋权法建立开放式知识产权管理绩效评价模型，并对 2017 年中国 30 个省、区、市（西藏缺省数据较多，不被纳入分析范畴，也不包括香港、澳门、台湾地区）的高技术产业开放式知识产权管理绩效进行实证分析。

一、开放式知识产权管理绩效评价指标体系

（一）评价指标体系设计原则

评价指标体系的设计是开放式知识产权管理绩效评价的关键环节，为保证评价结果的全面性、准确性和客观性，评价指标体系的设计应遵循科学性、系统性和实用性原则。

1）科学性原则

科学性原则是确保高技术产业开放式知识产权管理绩效评价结果科学、合理的基本原则，评价结果是否真实客观不仅依赖其指标设计得是否科学，而且依赖其评价标准和评价程序是否科学。每项指标要有明确的内涵和针对性，各指标之间要形成既相互关联，又互不交叉重叠，更不相互矛盾的有机整体。

2）系统性原则

开放式知识产权管理属于多层面、多结构的系统性统一体，在指标选取过程中要重视各指标之间清晰和相互独立的含义，尽可能描绘完整的开放式知识产权管理轮廓。选取的指标既要体现开放式知识产权管理所带来的经济效果等方面，也要体现开放式知识产权发展的潜力及可持续性等方面。

3）实用性原则

构建开放式知识产权管理绩效评价指标体系的目的是提高高技术产业知识产权管理

水平、促进知识产权同技术创新融合。因此，在选取各指标时需要考虑相关数据的可获得性及实用性，以及在产业实际工作中具有可操作性与可行性。

（二）开放式知识产权管理绩效评价指标体系构建

参照李伟等学者关于知识产权相关评价指标的设计，同时考虑到开放式知识产权管理同传统知识产权管理的本质区别，本书选取知识产权开发、协同、运营、保护四个指标作为准则层（李伟和余翔，2014）。

知识产权开发是高技术产业开放式知识产权管理的首要环节，无论知识产权商业化生产或知识产权扩散与转移，都需以进行知识产权开发为基本前提。知识产权开发的主要内容是通过研发环节获得可确权的科研成果，以创造企业知识产权资源，把科技创新优势转变为知识产权优势。根据以上描述，可用过程环节和开发结果来评价知识产权开发效果，过程环节由 R&D 经费占企业利润百分比、R&D 人员数占企业总人数的百分比、R&D 经费占企业支出百分比三个指标表征；开发结果由专利申请数量占总研发项目比率表征。

知识产权协同是开放式知识产权管理有别于传统知识产权管理的主要区分点，主要功能是协调开放合作背景下高技术产业内部、产业间的知识产权共享与交流，使企业通过资源、信息、知识和技能的共享与多方合作来提升自身创新能力。同时，知识产权协同仍需要对关键知识产权进行有效保护，防止私有知识向非私有知识转化。由技术市场成交合同数、技术市场成交额、购买国内技术经费支出、引进技术消化吸收经费支出四个指标衡量知识产权协同程度。

知识产权运营反映企业拥有的知识产权资产与实现企业价值的内在关联性，知识资产只有通过商业化、市场化运营转化为商品和服务，才能为企业和消费者带来效用与效益。知识产权运营的内容包括知识产权运营机构的设置、知识产权运营模式的选择及运营活动的具体展开。结合相关文献研究成果，本书采用新产品销售收入及有效发明专利数两个指标来表示知识产权运营效果。

知识产权保护的核心在于保证知识产权在企业间及企业内部使用、交流和共享过程中全程安全，平衡权利所有者及合作伙伴之间的社会公共利益，既应注重保护企业的合法利益，又应促进知识产权的传播和扩散。考虑指标数据的可获得性，本书拟选取发明专利申请量、专利授权量、专利侵权案件受理量三个指标测度知识产权保护水平。

基于上述分析，本书构建的高技术企业开放式知识产权管理绩效评价指标体系如表 8.19 所示。

表 8.19　高技术企业开放式知识产权管理绩效评价指标体系

序号	准则层	指标层
1		A_1 R&D 经费占企业利润百分比
2	知识产权开发 X_1	A_2 R&D 人员数占企业总人数的百分比
3		A_3 R&D 经费占企业支出百分比
4		A_4 专利申请数量占总研发项目比率

序号	准则层	指标层
5		B_1 技术市场成交合同数
6	知识产权协同 X_2	B_2 技术市场成交额
7		B_3 购买国内技术经费支出
8		B_4 引进技术消化吸收经费支出
9	知识产权运营 X_3	C_1 新产品销售收入
10		C_2 有效发明专利数
11		D_1 发明专利申请量
12	知识产权保护 X_4	D_2 专利授权量
13		D_3 专利侵权案件受理量

二、基于最优组合赋权法的开放式知识产权管理绩效评价模型

（一）基于最优组合赋权法的开放式知识产权管理绩效评价原理

本书参考和借鉴迟国泰等（2012）关于最优组合赋权法的相关文献成果。关于基于最优组合赋权法的开放式知识产权管理绩效评价模型的建立，首先应对开放式知识产权管理绩效评价指标数据进行规范化处理，分别选用 G1 法、G2 法、熵值法和离差最大法进行指标赋权，进一步计算不同评价方法的权重系数，求得组合权重，最终计算出各区域高技术企业开放式知识产权管理绩效评价的分数。分数高低顺序即为各区域高技术企业开放式知识产权管理绩效评价优劣的排序依据，具体的评价原理如图 8.21 所示。

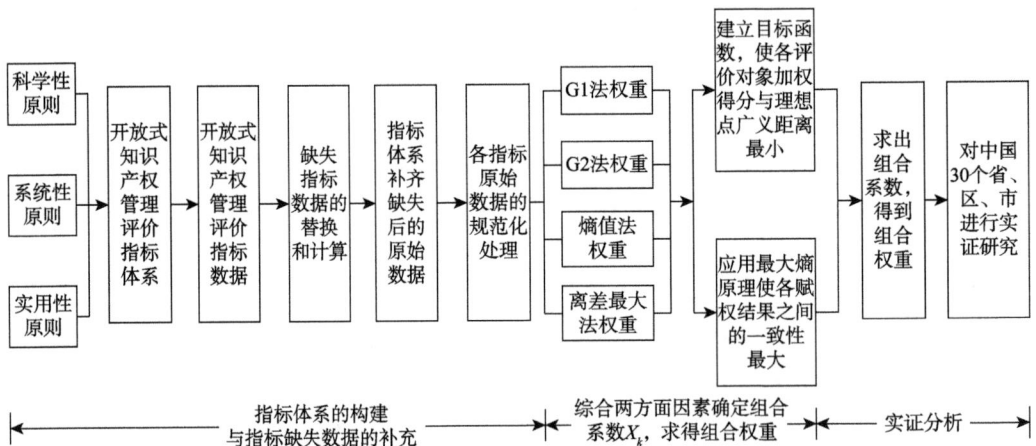

图 8.21　基于最优组合赋权的开放式知识产权管理绩效评价原理图

（二）指标的无量纲化处理

在构建基于最优组合赋权法的开放式知识产权管理绩效评价模型之前需要对正、负

向指标进行无量纲化处理，本书除了专利侵权案件受理量以外均为正向指标，即数值越大表明知识产权管理绩效越好。正、负向指标无量纲化处理见式（8.15）和式（8.16）。

设：X_{ik} 为 i 区域第 k 个评价指标规范化处理值；V_{ik} 为 i 区域第 k 个评价指标的原始值；n 为所评价区域个数。正、负向指标的打分公式分别为

$$X_{ik} = \frac{V_{ik} - \min_{1 \leqslant i \leqslant n}(V_{ik})}{\max_{1 \leqslant i \leqslant n}(V_{ik}) - \min_{1 \leqslant i \leqslant n}(V_{ik})} \tag{8.15}$$

$$X_{ik} = \frac{\max_{1 \leqslant i \leqslant n}(V_{ik}) - V_{ik}}{\max_{1 \leqslant i \leqslant n}(V_{ik}) - \min_{1 \leqslant i \leqslant n}(V_{ik})} \tag{8.16}$$

（三）单一评价方法赋权

1）G1 法权重的确定

G1 法属于确定评价指标权重的一种主观赋权方法，依据迟国泰等（2012）、郭亚军等（2012）的研究成果，G1 法权重确定程序如下。

（1）用 G1 法确定评价指标的序关系。

（2）得到相邻评价指标 X_{k-1} 与 X_k 重要性程度之比 r_k 的理性赋值。

（3）第 m 个评价指标的 G1 法权重 w_m 为

$$w_m = \left(1 + \sum_{k=2}^{m} \prod r_k\right)^{-1} \tag{8.17}$$

（4）计算出权重 w_m 后分别求得第 $m, m-1, \cdots, 3, 2$ 个指标的权重：

$$W_{k-1} = r_k w_k, \quad k = m, m-1, \cdots, 3, 2 \tag{8.18}$$

其中，W_{k-1} 为第 $k-1$ 个评价指标权重值；r_k 为专家赋值。

2）G2 法权重的确定

（1）用 G2 法确定评价指标的序关系。

（2）专家选出唯一一项最不重要指标，记为 x_m。

（3）专家给出其他评价指标 x_k 与 x_m 重要性程度之比 a_k 的理性赋值。

（4）准则层 k 下第 k 个评价指标对该准则层的 G2 法权重 w_k 为

$$w_k = \frac{a_k}{\sum_{k=1}^{m} a_k} \tag{8.19}$$

其中，w_k 为第 k 个评价指标的 G2 法权重；a_k 为专家给出的理性赋值；m 为所评价区域个数。

3）熵值法权重的确定

（1）设：e_j 为 j 个评价指标的熵值，则有 e_j 为

$$e_j = \frac{1}{\ln n} \sum_{i=1}^{n} f_{ij} \ln(f_{ij}) \tag{8.20}$$

其中，$e_j > 0$；$f_{ij} = x_{ij} \Big/ \sum_{i=1}^{n} x_{ij}$ 为第 j 个指标下第 i 个系统的特征比率；x_{ij} 为第 i 个系统中的第 j 项指标的观测数据 $(i = 1, 2, \cdots, n; j = 1, 2, \cdots, m)$，$\sum_{i=1}^{n} x_{ij}$ 为第 j 项指标的所有系统观测数据之和。

（2）设：w_k 为第 k 个评价指标的熵权，计算公式为

$$w_k = \frac{1 - e_j}{n - \sum_{i=1}^{n} e_i} = \frac{1 + \dfrac{1}{\ln(n)} \times \sum_{i=1}^{n}\left[x_{ik} \Big/ \sum_{i=1}^{n} x_{ik} \times \ln\left(x_{ik} \Big/ \sum_{i=1}^{n} x_{ik} \right) \right]}{\sum_{k=1}^{m}\left\{ 1 + \dfrac{1}{\ln(n)} \times \sum_{i=1}^{n}\left[x_{ik} \Big/ \sum_{i=1}^{n} x_{ik} \times \ln\left(x_{ik} \Big/ \sum_{i=1}^{n} x_{ik} \right) \right] \right\}} \tag{8.21}$$

4）离差最大法权重的确定原理

设 p_{ij} $(i = 1, 2, \cdots, m; j = 1, 2, \cdots, n)$ 为第 j 个评价对象第 i 项指标规范化得到的值。设 w_i 为第 i 个指标的权重，$w_i \geqslant 0$。对于指标 i，用 $F_{ij}(w)$ 表示评价对象 j 与其他所有评价对象指标值的离差 $(k = 1, 2, \cdots, n)$ 则有

$$F_{ij}(w) = \sum_{i=1}^{m} \left| p_{ij} w_i - p_{ik} w_i \right| \tag{8.22}$$

因此，对指标 i 而言，所有评价对象与其他评价对象的总离差可表示为

$$F_i(w) = \sum_{j=1}^{n} F_{ij}(w) = \sum_{j=1}^{n} \sum_{k=1}^{n} \left| p_{ij} - p_{ik} \right| w_i \tag{8.23}$$

根据离差最大化原理，构造最优化模型：

$$\max F(w) = \sum_{i=1}^{n} \sum_{j=1}^{n} \sum_{k=1}^{n} \left| p_{ij} - p_{ik} \right| w_i$$

$$\text{s.t.} \begin{cases} w_i \geqslant 0 \\ \sum_{i=1}^{m} w_i^2 = 1 \end{cases} \tag{8.24}$$

解此最优化模型并进行归一化处理，得离差法权重：

$$w_i = \frac{\sum_{j=1}^{n} \sum_{k=1}^{n} \left| p_{ij} - p_{ik} \right|}{\sum_{i=1}^{m} \sum_{j=1}^{n} \sum_{k=1}^{n} \left| p_{ij} - p_{ik} \right|} \tag{8.25}$$

其中，$\sum_{j=1}^{n} \sum_{k=1}^{n} \left| p_{ij} - p_{ik} \right|$ 为所有 n 个被评价对象第 i 个指标规范化后的值两两相减取绝对值再求和得到的离差，记为 F_i；$\sum_{i=1}^{m} \sum_{j=1}^{n} \sum_{k=1}^{n} \left| p_{ij} - p_{ik} \right|$ 为所有 m 个离差 F_i 之和。

5）基于两种因素的最优组合赋权

（1）基于两种因素组合权重的计算。分别用 G1 法、G2 法、熵值法和离差最大法四种方法求权重 $w_k (k = 1, 2, 3, 4)$，则组合权重为

$$w = \sum_{k=1}^{l} \alpha_k w^k \tag{8.26}$$

其中，α_k 为最优组合赋权系数，满足 $\sum_{k=1}^{l} \alpha_k = 1, x_k \geq 0$。

（2）最优组合赋权系数 α_k 的确定。综合以下两种因素确定最优组合赋权系数 α_k。

第一，各评价对象加权得分与理想点广义距离最小：

$$\min \sum_{i=1}^{n} d_i = \sum_{i=1}^{n} \sum_{j=1}^{m} \sum_{k=1}^{l} \alpha_k w_j^k (1 - x_{ij}) \tag{8.27}$$

其中，d_i 为各评价对象加权得分与理想点的广义距离；α_k 为最优组合赋权系数；w_j^k 为第 k 种赋权方法第 j 个指标的权重；x_{ij} 为第 i 个区域第 j 个指标规范化后的值。

第二，引入 Jaynes 最大熵原理反映各赋权结果之间的一致性程度，基于各赋权结果差异最小的思想建立目标函数。

$$\max H = -\sum_{k=1}^{l} \alpha_k \ln \alpha_k \tag{8.28}$$

式（8.28）求最优组合赋权系数的好处是：Jaynes 最大熵原理可以反映各赋权结果之间的一致性程度，以各赋权结果一致性最大的思想确定最优组合赋权系数能够避免个别单一赋权方法对组合赋权结果贡献太小的问题。

基于以上因素建立目标函数。

$$\min \mu \sum_{i=1}^{n} \sum_{j=1}^{m} \sum_{k=1}^{l} \alpha_k w_j^k (1 - x_{ij})$$
$$\text{s.t.} \sum_{k=1}^{l} \alpha_k = 1, x_k \geq 0 \tag{8.29}$$

其中，参数 $0 < \mu < 1$ 为两个目标之间的平衡系数，μ 的取值则需根据具体问题预先给出。按照相关文献通例，本部分的研究取 μ 值为 0.5。

第三，构造拉格朗日函数求解最优组合赋权系数 α_k，解得

$$\alpha_k = \frac{\exp\left\{-\left[1 + \mu \sum_{i=1}^{n} \sum_{j=1}^{m} w_j^k (1 - z_{ij}) / (1 - \mu)\right]\right\}}{\sum_{k=1}^{l} \exp\left\{-\left[1 + \mu \sum_{i=1}^{n} \sum_{j=1}^{m} w_j^k (1 - z_{ij}) / (1 - \mu)\right]\right\}} \tag{8.30}$$

6）基于最优组合赋权的开放式知识产权管理绩效评价方程

通过式（8.26）求得的组合权重向量的转置 W^T 和式（8.16）～式（8.18）求得的各指标规范化得分 X 相乘得到各区域高技术企业开放式知识产权管理绩效评价的得分 R，有

$$R = W^T \times X = (r_1, r_2, r_3, \cdots, r_n) \tag{8.31}$$

对各个被评价区域得分 r_i（$i = 1, 2, 3, \cdots, n$）的大小进行排序，即为各区域高技术企业开放式知识产权管理绩效好坏的排序。

三、实证分析

本书所采用的数据均来自相关年份的《中国统计年鉴》《中国高技术产业统计年鉴》《中国科技统计年鉴》，以及国家知识产权局、国家统计局等官方网站发布的统计报告，以2017年中国30个省、区、市（西藏缺省数据较多，不被纳入分析范畴，也不包括香港、澳门、台湾地区）高技术企业作为样本，并根据式（8.15）和式（8.16）对指标数值进行无量纲化处理。

（一）G1法权重的计算

（1）聘请专家，得到四个准则层（知识产权开发 X_1、知识产权协同 X_2、知识产权运营 X_3、知识产权保护 X_4）的主观优先顺序排序为 $X_1 > X_4 > X_3 > X_2$。

（2）根据专家意见，相邻准则 x_{k-1} 与 x_k 的重要性程度之比 r_k 的理性赋值为

$$r_2 = X_1 / X_2 = 1.1，\quad r_3 = X_2 / X_3 = 1.1，\quad r_4 = X_3 / X_4 = 1.1$$

（3）把相邻准则的重要性程度之比的理性赋值 $r_j(j = 2,3,4)$ 代入式（8.17）和式（8.18），得出各准则层的G1法权重。

同理可得指标层的G1法权重、相邻指标的重要性程度之比 r_k 的理性赋值。

（二）G2法权重的计算

（1）专家给出最不重要的准则层指标为知识产权协同 X_2。

（2）根据专家意见，其余准则层指标与 X_2 的重要性程度之比 d_j 的理性赋值分别为

$$d_1 = X_1 / X_2 = 1.3，\quad d_2 = X_2 / X_2 = 1，\quad d_3 = X_3 / X_2 = 1.1，\quad d_4 = X_4 / X_2 = 1.2$$

（3）将 d_j 的理性赋值带入式（8.19）中，得到开放式知识产权开发、协同、运营、保护的G2法权重分别为0.2826、0.2174、0.2391和0.2609。同理可得指标层对目标层的G2法权重，如表8.20所示。

表8.20　区域开放式知识产权管理绩效指标权重

指标		G1法权重	G2法权重	熵值法权重	离差最大法权重	最优组合权重
知识产权开发 X_1	A_1	0.0304	0.0290	0.0254	0.0265	0.0296
	A_2	0.2017	0.0318	0.0400	0.0307	0.0320
	A_3	0.0318	0.0403	0.0269	0.0342	0.0379
	A_4	0.0265	0.0244	0.0337	0.0218	0.0304
知识产权协同 X_2	B_1	0.0350	0.0296	0.0214	0.0299	0.0334
	B_2	0.0251	0.0173	0.0289	0.0311	0.0277
	B_3	0.0274	0.0263	0.0196	0.0301	0.0281
	B_4	0.0188	0.0240	0.0253	0.0367	0.0259

续表

指标		G1 法权重	G2 法权重	熵值法权重	离差最大法权重	最优组合权重
知识产权运营 X_3	C_1	0.0216	0.0124	0.0306	0.0296	0.0286
	C_2	0.0346	0.0277	0.0249	0.0466	0.0364
知识产权保护 X_4	D_1	0.0255	0.0315	0.0380	0.0409	0.0375
	D_2	0.0189	0.0276	0.0209	0.0238	0.0242
	D_3	0.0227	0.0259	0.0340	0.0195	0.0300

（三）熵值法权重的计算

（1）将规范化数值代入式（8.20）中，得到指标权重 $r_{ij}(i=1,2,3,4; j=1,2,3,\cdots,30)$。

（2）将指标权重代入式（8.21）中，得到熵值法权重的具体数值，如表 8.20 所示。

（四）离差最大法权重的计算

将规范化数值依次代入式（8.22）～式（8.25）中得到各指标的权重，如表 8.20 所示。

（五）最优组合权重的计算

将表中单一评价方法所得的各指标的权重代入式（8.30），得到最优组合赋权系数 $\alpha_k = (0.264, 0.207, 0.044, 0.239)$，将表中各指标权重与组合系数代入式（8.26）得到组合权重，见表 8.20。

（六）区域开放式知识产权管理绩效综合评价

将表 8.20 中的组合权重和各指标规范化得分代入式（8.31），得到各区域高技术企业开放式知识产权各准则层得分及管理绩效综合评价结果，如表 8.21 所示。

表 8.21　2017 年各区域高技术企业开放式知识产权各准则层得分及管理绩效综合评价结果

区域	综合评价		准则层 X_1		准则层 X_2		准则层 X_3		准则层 X_4	
	得分	排序	得分	排序	得分	排序	得分	排序	得分	排序
北京	0.4360	3	0.2601	3	0.1932	3	0.1667	5	0.1929	2
天津	0.4041	6	0.1972	10	0.1927	4	0.1726	4	0.1629	9
河北	0.3772	9	0.2334	7	0.1420	11	0.1181	16	0.1737	6
山西	0.3267	15	0.1502	17	0.1317	13	0.1204	15	0.1433	14
内蒙古	0.2822	21	0.0814	25	0.0865	19	0.0616	24	0.1294	18
辽宁	0.3727	11	0.1740	14	0.1476	10	0.1520	10	0.1480	13
吉林	0.2709	23	0.1301	20	0.0770	21	0.0429	26	0.1136	20

续表

区域	综合评价		准则层 X_1		准则层 X_2		准则层 X_3		准则层 X_4	
	得分	排序	得分	排序	得分	排序	得分	排序	得分	排序
黑龙江	0.2793	22	0.1153	21	0.0633	24	0.0583	25	0.1007	22
上海	0.4415	1	0.2875	1	0.2140	2	0.1920	2	0.1962	1
江苏	0.4209	4	0.2562	6	0.1895	5	0.1505	11	0.1857	3
浙江	0.3905	7	0.2580	4	0.1831	6	0.1948	1	0.1612	10
安徽	0.2611	24	0.1327	19	0.0607	25	0.0794	21	0.0826	26
福建	0.3768	10	0.1825	13	0.1554	9	0.1578	8	0.1553	12
江西	0.3221	16	0.1903	11	0.0813	20	0.1277	14	0.0890	25
山东	0.4064	5	0.2199	8	0.1769	7	0.1622	7	0.1780	4
河南	0.3466	13	0.1688	15	0.1389	12	0.0905	18	0.1705	7
湖北	0.3188	17	0.1045	23	0.1004	16	0.1429	12	0.1421	15
湖南	0.3593	12	0.2044	9	0.1162	14	0.1066	17	0.1668	8
广东	0.4387	2	0.2649	2	0.2386	1	0.1791	3	0.1766	5
广西	0.2393	25	0.0710	26	0.0896	18	0.0707	22	0.0927	24
海南	0.3433	14	0.1876	12	0.1099	15	0.1578	9	0.1367	16
重庆	0.3147	18	0.1564	16	0.0734	22	0.1358	13	0.1340	17
四川	0.3820	8	0.2580	5	0.1591	8	0.1659	6	0.1554	11
贵州	0.3060	19	0.1496	18	0.0922	17	0.0640	23	0.1255	19
云南	0.2149	26	0.0637	27	0.0506	27	0.0815	20	0.0943	23
陕西	0.2854	20	0.1062	22	0.0541	26	0.0886	19	0.1102	21
甘肃	0.1930	27	0.0924	24	0.0489	28	0.0174	30	0.0748	27
青海	0.1725	29	0.0597	29	0.0692	23	0.0269	28	0.0654	28
宁夏	0.1554	30	0.0482	30	0.0457	29	0.0206	29	0.0529	30
新疆	0.1738	28	0.0626	28	0.0366	30	0.0337	27	0.0538	29

（七）评价结果分析及启示

根据表 8.21 可知，2017 年中国 30 个省、区、市高技术产业开放式知识产权管理绩效综合评价排名在前五的依次为上海、广东、北京、江苏及山东，排名后五位的依次为云南、甘肃、新疆、青海及宁夏。各省、区、市综合评价排名和准则层单一评价排名（知识产权开发、知识产权协同、知识产权运营、知识产权保护）次序大致吻合，个别省、区、市不同准则层之间的排名差距较大，如河北知识产权运营同知识产权保护排名之差为 10，江西知识产权保护同知识产权运营排名之差为 11，说明这些省、区、市高技术产业在开放式知识产权管理中存在系统内部协调性不足的问题，易产生"木桶效应"，阻碍知识产权管理整体水平的提高。

从知识产权开发评价结果来分析，R&D经费占企业利润百分比、R&D人员数占企业总人数的百分比、R&D经费占企业支出百分比、专利申请数量占总研发项目比率等指标对开放式知识产权管理绩效有重要影响，上海、广东、北京、浙江及四川分列此项评价的前五位。根据评价结果本书认为：首先，雄厚的科研教学实践水平有助于提高区域的知识扩散、知识溢出及知识产权研发投入，提高高技术企业科研人员的积极性，加速知识产权的创造过程。其次，知识产权开发水平明显受地域经济发达程度影响，北上广等经济发达区域无论是科技研发投入还是专利申请数量均有显著优势，虽然科技要素的边际贡献率递减，但总体上知识产权开发水平同研发投入强度密不可分。

开放式知识产权管理需建立在产业间和产业内部交互、共享、合作的基础上，知识产权协同是开放式知识产权管理的重要表征指标，其可以降低企业间知识创新成本，提高科技研发的效率，加速组织内部知识基础的形成。根据评价结果分析，受区域经济发展水平及地缘劣势的影响，西部内陆地区知识产权协同性较差，在知识传递、科技信息交流、研发合作等方面均处于相对落后和被动地位，这种现象如不能得以扭转，无疑会进一步提高本区域知识产权开发、保护、运营成本，劣化知识产权管理水平。

根据评价结果可知，知识产权运营效率受经济发展水平影响。除此之外，区域政策支持力度、知识产权市场竞争程度等因素同样影响知识产权运营的最终效果（田家林和顾晓燕，2014）。虽然本次评价中经济欠发达地区整体知识产权运营效率较低，但知识产权运营全过程由知识产权开发和有效专利的确权及市场化运作两个阶段构成，即知识产权运营总体效率包括纯技术效率及规模效率。此类区域可优先优化知识产权市场结构、开拓知识产权市场规模、完善知识产权运营链条，提高区域内高技术企业获得有效专利的积极性，使企业形成良性循环的知识产权运营态势。

知识产权保护的效果受多种因素影响，其中国家及地方知识产权保护政策的完善程度及企业自身的知识产权保护手段对知识产权保护的影响最为突出，因此，本项评价结果中，多个区域的知识产权保护排序显著优于综合排序。对于经济基础雄厚、高技术产业发达地区，可根据开放式知识产权管理的实际需要，在维持必要的知识产权保护强度的同时，提高知识产权保护的"效力"与"效率"，促进产业间、区域间知识产权合作、交互，提升知识产权综合运用水平。对于高技术产业后发地区，则需持续增强知识产权保护力度，尤其重视对知识产权开发环节的保护，促进有效知识产权的研发和形成。

第九章 保障中国高技术企业开放式知识产权管理系统有效运行的对策研究

第一节 宏观层面对策研究

一、完善现行知识产权制度

中国的知识产权法律制度已经相对完善，也取得了巨大成就，商标法、专利法、著作权法等一系列法规的出台均使高技术企业知识产权管理有了坚实的保障。但是面对电子信息技术、生物与新医药技术、航空航天技术等高技术产业的高速发展和创新，中国的知识产权法律制度相对滞后（吴欣望和石杰，2007），与国际知识产权规则还有距离，相关知识产权反垄断法律制度缺失，反知识产权垄断法律制度亟须建立。随着知识产权保护的加强，需要根据新情况完善和制定反知识产权垄断法律制度（唐桂娟，2011），该制度的建立，将使中国的知识产权保护实现巨大飞跃。

中国在建立反知识产权垄断法律制度的过程中会受多种因素制约，最重要和需要解决的因素就是知识产权专业人才的匮乏，科学地建立反知识产权垄断法律制度需要熟悉企业管理、知识产权管理和法律三个领域的复合型人才，因此对专业人才的全方位素质提出了更高层次的挑战。同时，高技术企业需要知识产权专业人才在遇到具体知识产权事务过程中灵活运用掌握的知识进行相关交涉，而这方面的人才相对缺失，限制了知识产权法律制度的完善，因此，相关部门和组织应从上至下尽快通过系统的教育和培训，培养出同时精通法律、知识产权和高技术企业管理三个领域的复合型人才（刘华和周莹，2006）。

二、加强政府的组织和协调

对于我国经济发展而言，如何采取有效政策措施振兴高技术企业成为一项艰巨而长期的任务。根据以往发达国家发展高技术企业的经验，政府部门的领导、组织和协调行为有利于我国高技术产业培养出具有国际竞争力的大型企业集团，创建出具有全球影响力的高技术产业基地和重大技术研究中心。

随着高技术企业发展目标的明确，有很多重大技术项目由于耗资大、技术需求面大、人力需求大等，企业很难独立承担，并且这些重大技术项目往往关系到整个国家经济发展的全局和战略利益，这时就需要相关部门给予相应的政策和资金支持，协调和组织企业研发部门、企业应用部门、科研院所和高校等，对这些重大技术项目进行联合开发、设计、产品生产。只有这样高技术企业发展的基础才能稳固，才能够有更多的科技成果产出，才能有所创新和持续发展。高技术企业的职能部门促进知识产权发展路径图如图 9.1 所示（鄂齐，2010）。

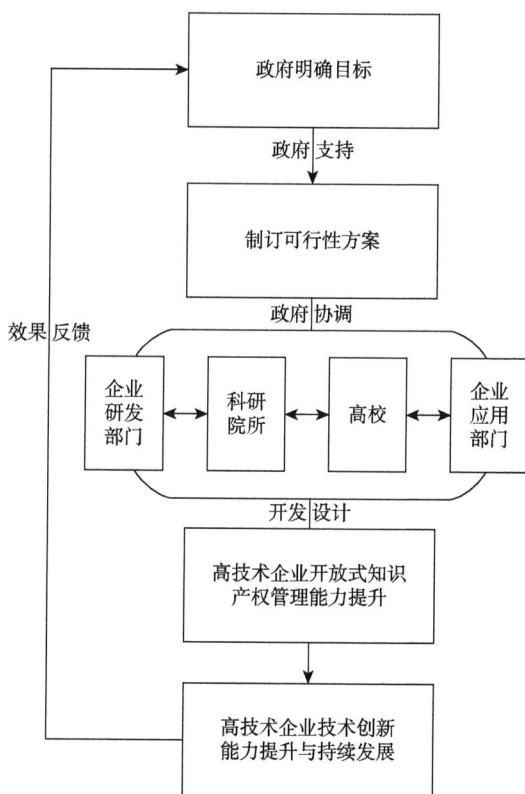

图 9.1　高技术企业的职能部门促进知识产权发展路径图

三、提升知识产权执法能力

中国知识产权管理机构执法能力相对不足，相应的执法部门缺少健全的知识产权执法队伍和专业的知识产权执法人员，并且没有形成完备统一的执法体系，执法队伍素质偏低、执法力度不足、缺少及时处理知识产权事务的预案，知识产权侵权事件时有发生，并且难以适应外界知识产权环境变化的需求。为解决上述问题，知识产权管理机构应完善知识产权执法手段，严格遵守知识产权执法规则，最大限度发挥知识产权法律法规对高技术企业的保护作用。各地方知识产权机构应因地制宜，结合实际组织知识产权执法人员进行形式多样的培训、学习和教育工作，保证地方执法人员在充分掌握知识产权法律法规的基础上严格依法处理发生的知识产权问题，通过实际案例不断总结知识产权执法过程中的特殊性，提升执法能力和依法行政能力，确保知识产权事务的顺利处理。

四、积极扶持高技术企业自主知识产权的发展

各地区知识产权监管部门应鼓励高技术企业进行自主知识产权开发，加大对知识产权研发项目的扶持力度，积极培育和发展具有自主知识产权的高技术企业。相关监管部门应发掘和了解国内外知识产权的发展趋势与未来潜在市场动向，根据外界环境的变化调整和修正知识产权发展战略，积极引导高技术企业灵活运用知识产权法律制度维护自身利益；相关部门应设立知识产权专项奖励资金，用于资助、鼓励高技术企业知识产权开发及专利申请工作，该项资金应重点资助有实际应用价值、有科技含量、有广阔发展空间的自主知识产权实现商品化，不断将资助重点向自主知识产权方面倾斜，对拥有商标、专利等各类自主知识产权的高技术企业，要在各类知识产权开发、技术引进优化和研发资金、融资等多方面提供优先的便利条件，建立起区域知识产权集群。

五、加大全社会知识产权宣传力度

只有以政府为主导将知识产权相关知识普及到全社会，并作为一项长期性的工作来进行，才能提高社会整体知识产权水平，提高全社会的知识产权运营能力。高技术企业知识产权管理的发展，需要紧跟国内外知识产权管理新形势，在此基础上政府应加强知识产权管理的宣传和培训。通过宣传和培训，增强企事业单位、社会团体等组织的知识产权管理意识，加大高技术企业高层次人才的知识产权管理培养力度，以培养出规模更大、层次更多、更加多样化的知识产权管理人才队伍（孟海燕，2011）。使企业领导和员工认识到知识产权等无形资产对企业获得竞争优势和垄断优势、扩大市场份额的重要性，特别是对于企业的领导层，应加强知识产权运营意识和战略意识，掌握现代知识产权制度、知识产权战略运作策略，这对于企业产品研发、产品销售、市场扩张、获取长期竞争优势具有非常重要的作用（徐建华，2012）。

知识产权宣传的首要目的是在全社会形成有利于知识产权开发、保护和运营的舆论氛围。加大全社会知识产权宣传力度的措施包括进行知识产权文化宣传工作，力争在全社会范围内形成热爱科学、尊重知识劳动成果的氛围。同时积极同科研院所及法律机构签订合作意向，建立多元化知识产权交流平台，加大力度制定和推行切实可行的知识产权宣传普及措施，积极利用各种途径进行知识产权宣传（莫守忠，2009）。

六、强化知识产权管理

第一，区域知识产权管理部门要加强对高技术企业知识产权活动的重视，虽然各区域职能部门对高技术企业的发展都比较重视，也注重本区域知识产权战略的实施，但是对高技术企业知识产权战略工作的重视程度不够，区域知识产权局及高技术企业相关管

理部门应充分协同，建立交流联动机制，共同管理和高效处理好高技术企业知识产权管理工作（罗爱静和龚雪琴，2010）。

第二，应在全国范围内在知识产权管理部门之间建立沟通与合作机制，打造知识产权相关信息发布、交流和共享平台，在企业之间形成沟通协同机制，提高高技术企业之间知识产权转移和扩散、纠纷处置等活动的效率；加强各知识产权管理部门间的协同工作，进一步扩大区域间、企业间和部门间的知识产权合作范围，切实提高知识产权管理的艺术性。

七、深化国际的知识产权合作

随着国际市场高新技术的不断涌现及全球知识产权贸易的发展，知识产权管理不仅是一个国家的问题，也是国际性的问题，孤立的知识产权法律制度已经不能适应新情况的出现。为了更好地发挥中国高技术企业知识产权管理系统的作用，我国知识产权职能机构需要同世界各国的相关部门和组织通力协作、共同努力，同发达国家积极建立知识产权双边开发机制、保护机制和运营机制，积极参与知识产权国际的合作和协调活动，使国际知识产权相关惯例更符合中国利益。

八、完善政府首购和订购高技术设备的政策措施

在我国，如果高技术企业、科研院所与高校生产或者开发的试制品及投入市场上的新产品对我国国民经济发展和技术发展具有一定的意义，并且具有很大的市场潜力，那么政府就需要制定相关政策，在这些试制品和新产品得到相关部门认定之后政府部门应进行收购；对于相关高技术企业消化、吸收再创新而生产出来的先进产品，政府部门在采购相关产品时应给予优先考虑；对于订购或者使用首台（套）高技术企业重大技术的重点工程，政府部门应予以优先安排，确定其为技术进步示范工程（陈伟等，2012）。

第二节　中观层面对策研究

一、建立高技术产业知识产权集群

中国各区域都有独特的自然资源和社会资源，制约高技术企业发展的不利因素也都各不相同。为了发挥高技术产业的规模优势，运用集群力量发展、保护、运营自有知识产权，我国应加快建立起以优惠的政策、法制和服务环境为保障，以拥有知识产权开发能力的创新人才团队为支撑，以保护知识产权为重点，以体制创新和机制创新为切入点，以风险投资为依托的区域高技术产业知识产权集群。

首先，应以本区域内大型高技术企业为龙头，建立以企业为主体、市场为导向、产

学研相结合的高技术企业知识产权创新集群，逐步推进重点实验室、高技术企业技术中心、生产力促进中心、知识产权转移和研发中心等配套设施的建设，实现区域内部各科研院所、研究基地、高等学校、重点企业等科研设施共享，建立完善的高技术企业技术创新体系，努力提高区域高技术企业运用知识产权的能力和水平，形成适合本区域发展的知识产权管理系统，带动区域经济的发展。

其次，应充分发挥区域高技术企业知识产权的比较优势和特有的资源优势，确定有限的高技术产业发展目标，谋求形成局部领域的优势和强势，实现高技术产业领域的重点突破，加快区域高技术特色产业和优势产业集聚式发展，建设高技术产业孵化基地，延伸和完善产业链，充分发挥科技和高技术产业的渗透与带动作用，加强科技和经济的紧密结合，大力推动信息技术、生物技术、新材料技术等知识产权成果的广泛和深入应用。

最后，应大力发展高技术周边服务业，积极推动区域通信业、互联网产业等新兴服务业的发展，大力推进电子政务、互联网络的建设，优化高技术产业服务业结构，提升高技术服务业的整体素质，促进区域高技术产业集群间的知识产权交流和信息传递，不断提高产业集群的知识产权能力和水平。

二、形成区域知识产权产业知识产权合作机制

在当今纷繁多变的国际市场竞争环境下，知识产权风险已成为高技术企业所面临的最大风险之一。孤立的高技术企业的经营模式需要承受巨大的知识产权研发成本和市场风险，致使高技术企业知识产权管理系统运作的困难程度增大，这就要求将知识产权战略从以企业为单位的孤立模式扩展至以产业集群为单位的开放合作模式。区域高技术产业知识产权创新合作有利于改善知识产权开发环境、集合人力物力资源、强化高技术企业知识属性、防范与消除知识产权风险的影响。因此应形成区域知识产权产业知识产权合作机制，制定发展规划和分工合作方案的有关规定与细则，由相关机构监督执行；切实执行区域高技术产业知识产权集群规划，充分发挥规划的引导和控制作用，有计划地实现区域高技术产业知识资源的布局合理和配置完善，减少重复建设和浪费，从组织上使区域知识产权产业知识产权合作机制落到实处（龙颖，2009）。

三、实现企业知识产权战略与区域知识产权战略之间的协调一致

一方面，高技术企业知识产权战略的制定应符合区域整体知识产权战略的构想，站在区域层面乃至国家层面的高度来研究企业自身知识产权战略的制定和实施问题，并遵循区域战略所确定的指导方针、基本原则和政策走向，需要考虑区域经济发展、中长期战略规划等多方面因素，保证企业知识产权战略的目的和手段不与区域的政策相冲突，同时企业战略要与国家的高技术企业优惠政策及知识产权鼓励政策等保持协调一致。另一方面，在涉及制定高技术企业知识产权管理系统的具体内容时，在贯彻执行区域知识产权战略各项目标和准则的大前提下，要善于结合企业实际，将企业知识产权战略中的共性实施策略

消化吸收,确认企业知识产权战略的地位和效力,赋予企业知识产权组织部门必要的权力,充分发掘和调动高技术企业在知识产权事务上的积极性与创造性(赵富洋,2010)。

第三节　微观层面对策研究

一、完善高技术企业知识产权战略系统配套设施

(1)应加大企业知识产权培训力度,增强员工知识产权意识。对高技术企业专业人员开展知识产权培训,结合高技术企业的实际情况,通过知识产权启蒙教育增强员工知识产权意识,使全体员工懂得如何运用知识产权制度维护企业的合法权益。

(2)应建立健全知识产权组织机构及专业人员配置,履行知识产权管理职责。高技术企业要根据企业现阶段的总体战略及发展目标设立专门的知识产权管理机构,其主要职责包括制定知识产权战略、制定知识产权规章制度、解决知识产权争端、进行知识产权交易等多个内容。在建立知识产权管理机构时,应有选择地采取多种知识产权管理手段,形成多维度、多层次的知识产权管理体系。

(3)应充分发掘与整理知识产权情报信息。高技术企业应注重知识产权相关信息的收集整理和研究,充分利用知识产权情报信息跟踪与预测本企业相关科技的动态和市场走向,避免盲目进行知识产权开发,从而提高知识产权战略执行的有效性(王涛等,2006)。

二、增强高技术企业知识产权开发能力

第一,高技术企业应加强对引进技术的消化吸收与再创新。我国高技术企业技术水平和创新能力相对较低,因此采用引进技术的形式仍是解决技术来源的重要手段。单纯地使用引进技术对于提高我国高技术企业技术水平和创新能力方面并不突出,高技术企业在引进技术之后,需要对技术消化吸收,进而进行再次创新。因此,从企业层面而言,企业应加强对重大先进技术、技术消化吸收和技术再创新的管理,对于很多重大技术引进项目,要制订一系列吸收再创新方案。在项目验收和评估时,要将是否能通过消化吸收形成自主创新能力和自主知识产权作为一项重要标准;为了促进企业之间及企业与研究机构之间联合消化吸收,相关政府部门要采取措施解决它们在合作过程中所存在的知识产权归属和利益分配问题(汤卫君,2011)。

第二,高技术企业应努力推动共性技术的研究开发。共性技术是指在现在或者未来一定时间内会在很多的领域内被广泛采用,同时该技术研究成果在被共享之后会对多个产业产生非常大的影响;对于共性技术的认知,也存在另外一种观点:这种技术带动了整个产业水平、产品质量和生产效率的提高,同时会为社会创造出巨大的经济和社会效益。因此,高技术企业应重视共性技术的研究开发,同时为了共性技术开发的持续性,需要培养一批高技术人才,这批高技术人才不但精通基础技术和行业技术,并且具有掌

握核心技术、关键技术及拥有创造出自主知识产权的能力（张永超，2013）。

第三，高技术企业应调动创新人员的积极性。知识产权是核心竞争力，强化这一核心竞争力离不开员工主观能动性的发挥，将充分调动员工积极性变成形成企业发展的原动力。认识到知识产权的意义之后，高技术企业需要通过激励手段鼓励员工多创新，可以考虑从每年知识产权费用中拿出一部分，或由企业上层或政府支付额外的费用奖励研发成果，如每年在企业中设定奖励三件重大科技成果，这三件重大科技成果必须是申请专利获得成功，以及为企业带来了一定程度的实际经济效益；同时，为员工金点子设立"直通车"机制，即员工想法或成果在企业内部经过评审获得认可，员工可以组建自己的部门获得相关费用，直接将此成果转化为企业效益，这样发明者实际上在企业内部获得了提升，同时获得了相应的经济回报（朱波尔，2007）。

第四，高技术企业应建立知识产权开发导向的知识产权情报信息制度。为了更加充分地收集、整理、研究和利用知识产权信息，高技术企业需要建立具有网络化特征的知识产权信息系统。该系统可以通过信息的分析、比较、跟踪、预测知识产权发展动态、行业发展动态和市场趋向。高技术企业在研发之前，通过对产品研发、生产、销售全过程所涉及的知识产权进行检索和技术分析，有利于把握研发方向（马丽，2011）。那么建立高技术企业知识产权情报信息制度所应该做的措施有：建立专利信息数据库，为企业知识产权开发、运营和保护提供及时的信息检索服务；建立技术领域专利池，加强该专利池与其他企业成员之间的合作；指导高技术企业专利地图的绘制与利用。

第五，高技术企业应加大知识产权开发力度，努力增加知识产权的有效产出。高技术企业必须加快建立知识产权开发体系，把知识产权开发作为高技术企业的主体。一是要在高技术企业的知识产权开发过程中确立知识产权的理念，充分利用已有的知识产权研究成果，注意从中发掘、申请和开发自主知识产权。二是要不断加大知识产权投入，进一步提高高技术企业的科研经费比例（谭华霖，2011）。三是要加强高技术企业科技研发中心的建设，使科技研发中心成为知识产权开发和知识产权战略实施的载体，成为引进、吸收知识产权人才，调动和发挥其积极性与创造性的平台。四是要进一步深化产学研合作，按照收益共享、风险共担的原则，共同进行新产品和新技术的研发，建立科学实验室和研究机构，共同培养高水平的知识产权开发人才（赵丽莉等，2011）。五是要大力推进知识产权商业化进程。高技术企业在获得知识产权后，应积极创造条件，将知识产权向商业化转化，对于高技术企业内部特定条件下无力商业化的知识产权，应通过融资、合作、入股等方式加速知识产权实现商业化；对于有些知识产权可通过国内外技术市场进行转让或许可使用，促进知识产权在全社会的扩散和流动，实现知识产权的传递和增值。同时，应积极推动自有知识产权技术标准的制定和实施，形成技术壁垒，将科技优势充分转化为市场竞争优势，实现知识产权价值最大化。六是要充分进行国际交流与合作，在坚持自主知识产权开发的前提下，通过知识产权合作开发、知识产权联盟、信息和研发人员交流、知识产权贸易等多种方式，加强对知识产权强国相关专利技术的跟踪研究，提前做好核心知识产权和重大科研技术的引进、消化、吸收和技术改进等工作，在合作交流和引进技术创新中取得自主知识产权（操龙灿等，2005）。

三、提高高技术企业知识产权保护水平

（一）建立健全知识产权法律法规体系

为了促进高技术企业的发展，需要制定一系列的法律法规。这种类型法律法规的制定需要以鼓励自主创新和优化创新环境为目标，并且要建立在国内成功经验和国外通行做法的基础之上，同时法律法规的制定范围应该是多样的、全面的。健全的知识产权法律法规体系有利于规范知识密集型制造业的振兴发展，有利于引导高技术企业自主知识产权正确发展。在法律法规运用方面，以商标违法行为规范为例，首先要知道商标的知名度和显著程度，制定商标近似、商品近似或者以一些不正当手段获取商标注册资格的裁量性法律标准，把握商标注册人真实意图，规避商标"傍名牌"现象，极力遏制恶意抢注等不正当行为，充分体现商标权保护的法律导向（石勇，2007）。

（二）强化自我保护知识产权的意识

在高技术企业知识产权保护方面，有两种意识应该被强化：第一种就是要纠正以往的一些错误观念，如以往人们都认为知识产权保护仅仅是行政机关、司法机关的事情，而否认知识产权保护的主体是企业。高技术企业作为市场主体和创新主体，知识产权活动与企业息息相关，所以企业需要积极地参与知识产权保护工作。即使在知识产权保护方面，行政机关和司法机关起着非常关键的作用，但是企业是知识产权保护最基本的单位，企业需要明确自身的知识产权保护主体地位。企业需要强化知识产权保护在企业文化中的重要地位，确保企业员工具有较强的知识产权保护意识。关于这个方面，首先，企业的领导者需要加强知识产权保护责任感和知识产权对企业发展重要作用的学习，彻底改变以往知识产权保护无关紧要的错误观念。其次，企业要通过知识产权工作会议和知识产权保护专题等活动来加强对企业管理人员、销售人员、生产人员及科技人员在法律、文化等相关知识产权方面的培训和教育。最后，在企业内部不定期地开展知识产权宣传活动，使知识产权保护意识贯彻到每个员工身上和日常小事上，做到从基础上增强知识产权保护意识（孟海燕，2011）。

企业还应从内部开展知识产权法律法规的宣传教育工作，使知识产权保护意识深入人心。提高企业知识产权人才的知识产权保护意识是高技术企业知识产权保护的前提条件，主要提高以下三个层次人员的知识产权保护意识：一是高级管理层的知识产权保护意识；二是中级执行层的知识产权保护意识；三是科研人员的知识产权保护意识（郭莉，2010）。

（三）做好知识产权申请工作

高技术企业自主知识产权开发的重要途径就是创新。通过自主创新的形式获得技术创新优势的企业，最终都需要进行专利、商标、版权的申请，转变创新知识为合法权利，

这样才能够真正获得技术创新优势。高技术企业在研发过程中，要及时地对研发过程中所出现的创新进行专利申请，这样企业就可以第一时间获得专利权，有这样及时的保护网，就可以防止竞争对手的恶意抢注行为。从国外高技术企业产品研发的经历可以看到，它们在一次产品研发过程中就能够申请十几项甚至几十项专利。因此，高技术企业在产品开发的同时，一定要及时对产品进行命名，并且注册商标；在进行知识产权开发的过程中，也需要加强知识产权文献检索工作（主要包括专利检索和商标检索），因为检索结果对于知识产权管理战略决策、知识产权引进决策具有重要意义（甘春梅和肖晨，2007）。

（四）完善知识产权保护的规章制度

为了更好地发挥高技术企业自主知识产权保护主体作用，高技术企业需要对知识产权保护规章制度进行完善。因此，可以采取以下措施：一是建立较为严格的高技术企业知识产权档案管理制度；二是建立较为完善的高技术企业专利查新、确权、运营等方面的规章制度；三是建立较为科学的高技术企业知识产权分类保护体系；四是制定一系列较为完备的高技术企业专项知识产权管理和保护制度；五是制定较为公平的高技术企业知识产权保护的激励机制；六是构建较为便捷、有效的高技术企业知识产权信息资源搜索机制。

（五）完善技术秘密保护制度

只有建立完善的技术秘密保护制度，才能确保高技术企业技术秘密得到保护。为此，高技术企业首先需要签订好研发、生产和销售各个阶段企业与员工的保密协议，避免技术秘密泄露带来损失，保护企业权益不被侵害。还可以采取技术手段防止信息主动或被动外泄。例如，员工电脑丢失属于被动外泄，那么可以通过技术手段对员工电脑进行加密，即使电脑丢失，在没有密钥的前提下相关数据也不会丢失。还有一种泄露是主动外泄，即员工通过电子邮件、USB设备拷贝的方式外传技术秘密，企业可以通过封闭外网上传文件、禁止收发外网邮件、禁用USB拷贝设备，以及记录和网络监控对外发送、拷贝信息的方式来避免信息外泄。

（六）建立知识产权资源查询机制和知识产权交流合作机制

企业应对已有的知识产权进行充分的市场预期，无论是新产品或新工艺的构思、引进吸收、研究、开发、市场化生产还是知识产权转移乃至保护的过程中，高技术企业都应对已有的专利和非专利相关文献进行检索与查询，了解该项专利技术的国内外状况和市场前景，熟悉市场上的该类知识产权产品生产制造者所采用的知识产权保护的手段，而后进行综合分析，确定企业需要引进知识产权的内容，制定好知识产权保护的战略。此外，企业应深化知识产权事务的国际交流合作，尽快熟悉全球知识产权保护惯例。高技术企业也应熟悉国际知识产权准则，减少或杜绝侵犯他人知识产权事件的发生，建立相应知识产权争端解决机制来处理发生的知识产权侵权事件（戴颖杰，2005）。

四、提升高技术企业知识产权运营效果

高技术企业如果要实现知识产权效益，就必须实现知识产权的产品化，高技术企业知识产权运营管理优化图如图 9.2 所示。对于高技术企业而言，知识产权的运营管理就是在遵纪守法的基础之上，以最小的成本实现知识产权商品化和市场化，最终获得最大收益。只有将知识产权转化为商业利润，获得更多的资金，进而进行更多的投入，才能提高知识产权开发、运营和保护的生产力；只有具有一定的市场空间的高技术企业，才能够更有效地进行知识产权管理。一方面，知识产权本身就是可以进行交易的商品；另一方面知识产权可以成为企业获得竞争优势的关键要素。高技术企业可以根据自身发展需要，多途径获取知识产权，并通过知识产权商品化获得更高的收益。

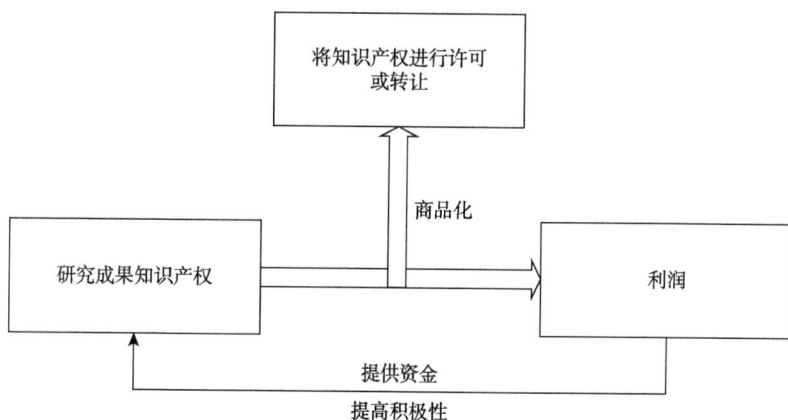

图 9.2　高技术企业知识产权运营管理优化图

为实现知识产权运营的高效化，企业首先应提高运用知识产权的能力。随着知识产权立法的不断推进，中国已经具有较为完善的知识产权法律制度和执法准则，高技术企业知识产权意识也有了很大的提高。但有些高技术企业对知识产权等无形资产的重视程度不够，知识产权意识相对薄弱，有些高技术企业缺乏专业、健全的知识产权运营组织（田高良和董普，2007）。因此有必要进一步增强高技术企业的知识产权理念，通过宣传和培训使企业全体员工了解与掌握知识产权的法律规范，从而提高企业员工知识产权创新和运营意识；根据企业实际情况制定并根据环境的变化不断修正高技术企业知识产权战略也是十分必要的，高技术企业应将知识产权运营与高技术企业整体运营战略有机结合起来，根据高技术企业知识产权运营目标来研究制定企业运营战略；同时应将知识产权运营作为企业主要运营内容，建立相应激励机制确保知识产权运营（陈梦，2009），使知识产权运营成为高技术企业利润的核心转化模式和竞争优势的主要来源。另外，高技术企业应提高知识产权运营效率，知识产权运营的可实施途径较多，高技术企业需要根据实施主体、成果权利、转化收益、转化风险的不同，根据企业情况选择最适合的运营方式，提高知识产权运营效率（冯晓青，2011）。在知识产权的运营过程中，高技术企业

要做好知识产权监督工作，实现知识产权运营效益的最大化；要从知识产权战略高度进行知识产权运营，灵活运用知识产权壁垒、技术储备、防御商标、联合商标等策略，增强高技术企业的知识产权运营效果，促进企业的可持续发展。

五、加强知识产权管理人才队伍建设

在高技术企业中，优秀的知识产权管理部门若想保证团队人力资源的合理配置，就必须拥有具有不同知识背景的员工。对于高技术企业而言，它所拥有的知识产权管理人员应该是多层次、多部门、多专业的，见图9.3。那么对于知识产权管理部门高层管理者来说，他们应该起到领导、协调和决策的作用，能够根据高技术企业发展战略制定企业知识产权战略；对于市场人员来说，他们需要做到把握知识产权在市场的现状，以及预测知识产权在市场的未来发展趋势，并将所掌握的信息反馈给管理层和研发人员，为知识产权战略的制定和知识产权开发方向的确定提供准确的信息；对于知识产权事务人员，他们主要处理高技术企业的知识产权日常事务，检索、分析知识产权相关文献，提供数据辅助知识产权战略的制定；对于法律人员来说，他们主要承担着知识产权申请的职责，并且对于知识产权纠纷事件和知识产权交易等事项也需要积极参与；对于技术人员来说，他们需要从技术角度及所获得的反馈信息，确定知识产权未来研发的方向，并且对知识产权所存在的技术问题进行解决，为知识产权战略的制定提供最为可行的建议（冯晓青，2005）。

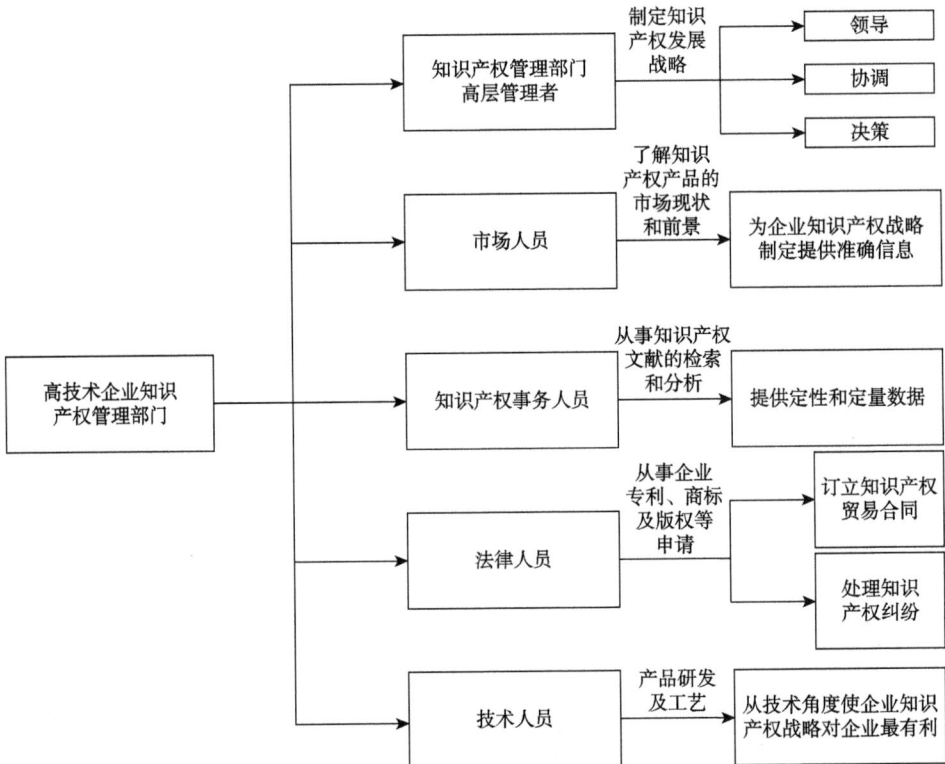

图9.3　高技术企业知识产权管理部门

　　此外，高技术企业要加强知识产权人才的培养工作。除了高技术企业自身以外，社会也应重视高素质知识产权管理队伍的培养工作，可以通过在高等院校增设知识产权专业、加强知识产权人才的引进工作、创造知识产权工作人员的良好工作环境、加大知识产权人才培训与教育的投入力度等方面着手进行（莫兰琼等，2005）。

结　语

作为知识密集、技术密集的经济实体，高技术企业的发展水平和发展趋势代表了一个国家的整体科技水平与未来走向，同时，一个国家的科技水平和技术研发实力也是在国际市场竞争中能否取得优势地位的关键与核心。在知识经济时代，高技术企业的经济和社会效益日益突出。21 世纪 20 年代以来，中国对高技术产业不断加大扶持力度，对高技术企业的重视程度也与日俱增，知识产权不仅是高技术企业的最终产品和主营业务对象，也是高技术企业同传统企业的重要区分，因此要求高技术企业重视知识产权开发、保护、运营和协同过程，力争系统性、科学性地进行知识产权管理工作。本书运用知识产权管理理论、系统理论、技术创新理论、协同理论等相关理论，采用归纳与比较分析相结合、系统分析与实证分析相结合、定性分析与定量分析相结合的分析方法，对中国高技术企业开放式知识产权管理系统进行分析和研究。取得的结论如下。

（1）通过对美国、日本、韩国、德国四个知识产权较发达的国家的高技术企业知识产权相关工作的实践经验，以及中国高技术企业知识产权管理现状的分析，表明中国存在着知识产权管理系统尚不健全、高技术企业知识产权开发能力不足、高技术企业知识产权保护意识薄弱、高技术企业知识产权运营效率较低等问题，特别是我国高技术企业存在重保护、轻协同等问题，知识产权协同管理薄弱，该问题亟待解决。

（2）从战略的高度出发，本书运用系统论的观点构建了高技术企业开放式知识产权管理系统。本书认为高技术企业开放式知识产权管理系统包含知识产权开发子系统、知识产权保护子系统、知识产权运营子系统和知识产权协同子系统，其中知识产权开发子系统是整体系统的基础，知识产权保护子系统是整体系统的保障，知识产权运营子系统是整体系统的关键，知识产权协同子系统是整体系统顺利、平稳运行的支柱。各个子系统之间以"机械表"的秒针、分针、时针的运行方式在运转，在一个生产周期内，知识产权开发需要经历市场调研、知识产权开发可行性分析、项目研发和确权及市场试验等过程，秒针在旋转的过程中分针和时针也随之进行相应的旋转，也就是说在知识产权开发的同时知识产权保护和知识产权运营工作也相应开展。分针的旋转也带动了时针的旋转，代表着知识产权保护对于知识产权开发与运营过程全程监督、控制、保护及协同。

（3）本书分析了高技术企业开放式知识产权管理系统运行机制，得出了高技术企业知识产权管理系统的运行受到动力机制、激励机制、约束机制和信息反馈机制的共同作用的结论。而后分别研究了各个子系统的构成要素和运行机制：其中知识产权开发子系统涉及的因素较多，主要的影响因素有市场竞争环境、企业经营目标、研发人员水平和企业内部激励状况等。知识产权保护子系统由知识产权监控、知识产权协调与合作、知识产权风险预警和知识产权危机处置构成。知识产权运营子系统由知识产权运营方案决策、知识产权运营方案执行、知识产权运营保障和知识产权运营信息反馈构成。知识产权协同管理体系应实现两点、三面的协同。两点指的是两家参与知识产权协同的高技术企业，即高技术企业之间应协调、整合各组织的技术能力、资源能力和管理能力，有效利用企业资源、实现资源优化配置；三面指的是在科技创新资源投入、科技创新过程中，高技术企业（知识产权主体）、其他利益关系的关联企业（知识产权协同方）及高校、科研院所（知识产权协同方）之间应实现创新要素和资源在合作高技术企业间流动与共享；在科技创新过程中企业内部及相关企业之间实现协同各方既有分工又密切协同，形成一批拥有自主知识产权的核心技术。

（4）结合中国高技术企业开放式知识产权管理系统的运行机制及特点，本书从知识产权开发、知识产权保护、知识产权运营、知识产权协同四个维度构建中国高技术企业开放式知识产权管理系统评价指标体系，运用 GEM 对评价指标进行筛选，设计出基于 DEA 和 TOPSIS 的评价模型，并以黑龙江省的高技术企业为例，选取十个具有代表性的高技术企业进行实证分析。分析结果表明中国高技术企业开放式知识产权管理系统存在着企业之间发展不平衡、差异大等问题，少数优势高技术企业开放式知识产权管理水平适中。

（5）从宏观、中观和微观三个层面提出了保障中国高技术企业开放式知识产权管理系统顺利运行的对策与建议。宏观方面提出保障中国高技术企业开放式知识产权管理系统的顺利运行应完善现行知识产权制度、加强政府的组织和协调、提升知识产权执法能力、积极扶持高技术企业自主知识产权的发展、加大全社会知识产权宣传力度、强化知识产权管理、深化国际的知识产权合作与完善政府首购和订购高技术设备的政策措施；中观层面强调地方应建立高技术产业知识产权集群、形成区域知识产权产业知识产权合作机制、实现企业知识产权战略与区域知识产权战略之间的协调一致；微观层面则要求高技术企业应完善高技术企业知识产权战略系统配套设施、增强高技术企业知识产权开发能力、提高高技术企业知识产权保护水平、提升高技术企业知识产权运营效果、加强知识产权管理人才队伍建设。

国内外对于知识产权相关研究已经取得了丰硕的成果，但是从经济管理角度研究高技术企业开放式知识产权管理系统的文献却十分罕见，本书的研究成果对进一步研究高技术企业开放式知识产权管理系统提供了一个科学的框架和崭新的视角。由于时间有限，本书给出了高技术企业开放式知识产权管理系统的整体框架，并研究了各个子系统的作用机制，但未对知识产权开发、知识产权保护、知识产权运营和知识产权协同子系统之间的内在机理与影响因素进行深入探讨，该问题有待今后进一步研究。

参 考 文 献

毕克新，黄平，石宇. 2012. 基于制度均衡的国际科技合作知识产权制度创新研究. 中国科技论坛，28（1）：149-154.

操龙灿，杨善林，翟光瑞. 2005. 实施企业知识产权战略的对策研究. 中国科技论坛，21（3）：108-111.

曹新明. 2009. 美日知识产权战略对我国的启示. 中国高新区，9（3）：102-103.

陈劲，王方瑞. 2006. 我国自主创新与知识产权管理系统. 公共管理学报，3（4）：52-57，109-110.

陈丽. 2002. 中国海关知识产权边境保护与 WTO 知识产权协议的比较及发展方向. 南方经济，20（12）：53-56.

陈美章. 1999. 技术创新与知识产权. 知识产权，13（6）：3-6.

陈梦. 2009. 基于耦合机理的我国高校知识产权经营战略系统构建. 科技管理研究，29（6）：522-524，528.

陈伟，张永超，田世海. 2012. 区域装备制造业产学研合作创新网络的实证研究——基于网络结构和网络聚类的视角. 中国软科学，27（2）：96-107.

陈一孚. 2018. 知识产权助推产业发展的国际比较与中国选择. 管理世界，34（3）：178-179.

迟国泰，齐菲，张楠. 2012. 基于最优组合赋权的城市生态评价模型及应用. 运筹与管理，21（2）：183-191.

崔伟. 2004. 美国知识产权战略特点及对我启示. 国际技术经济研究，7（3）：10，22-25.

戴颖杰. 2005. 我国高新技术企业的知识产权保护. 兰州学刊，26（6）：168-169.

邓少军，朱振达. 2007. 产业网络环境下企业知识共享与保护的权衡机制. 科技进步与对策，24（1）：77-79.

杜旻. 2010. 泛长三角地区知识产权合作与交易机制研究. 合肥工业大学硕士学位论文.

杜晓君，张序晶. 2004. 高科技企业知识产权管理绩效模糊综合评价. 研究与发展管理，16（2）：80-84，88.

鄂齐. 2010. 辽宁装备制造业知识产权战略研究. 辽宁师范大学学报（社会科学版），33（2）：42-45.

樊继达. 2014. 创新驱动引领中国迈向经济强国. 行政管理改革，6（7）：30-33.

冯涛，杨惠玲. 2007. 德国企业知识产权管理的现状与启示. 知识产权，17（5）：91-96.

冯晓青. 2001. 企业知识产权战略. 北京：知识产权出版社.

冯晓青. 2005. 企业知识产权战略. 2 版. 北京：知识产权出版社.

冯晓青. 2007. 美、日、韩知识产权战略之探讨. 黑龙江社会科学，4（6）：157-161.

冯晓青. 2010. 国家知识产权战略视野下我国企业知识产权战略实施研究. 湖南大学学报（社会科学版），24（1）：116-123.

冯晓青. 2011. 国家产业技术政策、技术创新体系与产业技术创新战略联盟——兼论知识产权战略的作用机制. 当代经济管理，33（8）：19-26.

冯源，宋词. 2016. 群组决策的专家权重微调整方法. 计算机工程与应用，52（24）：262-266.

甘春梅，肖晨. 2007. 我国企业知识产权管理存在的问题及对策. 科技情报开发与经济，17（22）：211-213.

耿丽辉. 2008. 浅谈自主创新与知识产权保护. 商场现代化，37（32）：85-86.

耿瑞利，申静. 2018. 社交网络群组用户知识共享行为动机研究：以 Facebook Group 和微信群为例. 情报学报，37（10）：1022-1033.

顾征. 2017. 基于组织二元性理论的研究型大学知识产权管理研究. 浙江大学博士学位论文.

关健鑫. 2008. 我国高新技术企业国际化经营知识产权战略管理研究. 哈尔滨工程大学硕士学位论文.

郭莉. 2010. 科技创新与科技成果转化中的知识产权问题研究. 科学管理研究，28（2）：117-120.

郭民生. 2009. 知识产权战略实施的综合评价指数. 知识产权，19（1）：27-34.

郭庆存. 1999. 企业技术创新与专利战略. 知识产权，13（4）：30-31.

郭韧，程小刚，李朝明. 2018. 企业协同创新知识产权合作的动力学研究. 科研管理，39（11）：107-115.

郭亚军，侯芳，易平涛. 2012. 具有不同偏好网络结构的群体评价信息集结方法. 管理学报，9（5）：749-752，757.

郭永辉，郭会梅. 2010. 合作创新中的知识产权问题研究. 中国科技论坛，26（9）：40-44.

韩朝亮，恒洋. 2010. 黑龙江省产业技术创新战略联盟知识产权发展研究. 商业经济，29（20）：5-7.

韩朝胜. 2011. 基于多属性决策的电子商务顾客满意度测评. 统计与决策，27（2）：167-169.

韩玉雄，李怀祖. 2005. 关于中国知识产权保护水平的定量分析. 科学学研究，23（3）：377-382.

贺贵才，于永达. 2011. 知识产权保护与技术创新关系的理论分析. 科研管理，32（11）：148-156，164.

洪勇，吴勇. 2011. 发展中国家知识产权保护程度相对评价方法研究. 科学学与科学技术管理，32（2）：36-42，116.

胡浡洲，李湘黔，郭春光. 2015. 美国国防知识产权管理的主要做法及借鉴. 科学管理研究，33（6）：113-116.

胡溢文. 2012. 促进高技术产业发展的税收政策. 经营管理者，（2）：91.

胡允银，邓艺. 2010. 地区知识产权形象评价研究. 技术经济与管理研究，31（2）：48-51.

华荷锋. 2010. 基于企业生命周期的知识产权融资策略研究. 科技与经济，23（3）：48-50.

黄国群. 2014. 开放式创新中知识产权协同管理困境探究. 技术经济与管理研究，35（10）：22-25.

黄洁. 2011. 企业知识产权信息消费优化策略研究. 情报理论与实践，34（7）：49-51.

黄鹏，查之玲. 2004. 知识产权经营中的营销渠道研究. 研究与发展管理，16（2）：89-92.

江登英，王亚雄，张徐军. 2018. 基于双重信息不完全条件下的直觉模糊群组决策方法. 统计与决策，34（11）：43-47.

姜桂兴. 2005. 韩国知识产权管理与知识产权战略探析. 科技与经济，18（5）：37-38，42.

蒋东生. 2008. 网络环境对知识产权保护提出的新问题——对著作权保护的挑战. 管理世界，24（8）：170-171.

黎运智，孟奇勋. 2008. 经验与启示：韩国知识产权政策的运行绩效. 中国科技论坛，（8）：140-144.

李朝明，黄蕊. 2016. 基于协同创新的企业知识产权合作影响因素研究. 哈尔滨商业大学学报（社会科学版），146（1）：44-53.

李建红. 2007. 积极应对经济全球化，不断提升中国企业的国际竞争力. 理论前沿，12（1）：39-40.

李晶晶，杨震宁. 2012. 技术战略联盟知识产权保护与创新——一个跨案例研究. 科学学研究，30（5）：696-705.

李明星. 2008. 基于品牌创新的企业知识产权战略及其运用研究. 武汉理工大学博士学位论文.

李潭，陈伟. 2013. 基于灰类白化模型的知识产权管理绩效评价. 统计与决策，29（19）：45-47.

李潭. 2016. 军民融合企业知识产权协同管理结构研究. 科技进步与对策，33（12）：119-124.

李伟，余翔. 2014. 中国知识产权保护强度及其评价——以加入 TRIPS 协议为中心. 科研管理，35（7）：138-146.

李雪茹，司训练，李婷. 2009. 基于 ISM 的知识产权保护影响因素分析. 情报杂志，28（6）：39-43.

李洋. 2010. 基于熵理论的敏捷供应链供需协作模式与脆弱性研究. 东北林业大学博士学位论文.

李易航. 2016. 企业知识产权协同保护策略研究. 现代管理科学，35（4）：81-83.

李颖. 2008. 高科技企业知识产权管理体系的构建研究. 华东经济管理，22（9）：98-101.

李志军. 2017. 日本的知识产权战略与管理. 河南科技，42（4）：47-50.

刘驰. 2009. 基于产业集群的知识产权管理研究. 吉林大学博士学位论文.

刘春. 2010. 试论企业知识产权保护体系的建立. 韶关学院学报，31（4）：38-40.

刘春艳，黄丽霞. 2005. 我国网络信息资源有效开发利用的策略研究. 现代情报，26（5）：12-14，16.

刘华，周莹. 2006. 我国社会公众知识产权意识现状调查分析及对策研究. 中国软科学，21（10）：103-111.

刘华. 2004. 知识产权制度的理性与绩效分析. 北京：中国社会科学出版社.

刘希宋，姜喜龙，夏志勇. 2006. 国防科技工业自主创新能力评价关键要素的识别. 统计与决策，22（11）：56-57.

刘旭. 2010. 从知识产权角度看中国信息技术外包. 北京邮电大学硕士学位论文.

刘雪凤，郑友德，蔡祖国. 2011. 我国新能源技术知识产权战略的构建. 科学学与科学技术管理，32（10）：13-20.

刘有军，周和平，晏克非. 2007. 基于熵权群组决策的停车设施规划方法. 系统工程，25（2）：32-35.

刘志强，张黎. 2006. 创新激励的知识产权制度和政府资助制度比较研究. 管理科学，19（2）：62-66.

龙颖. 2009. 山寨文化的知识产权法解读. 河北北方学院学报（社会科学版），25（3）：34-36，65.

吕文举. 2006. 跨国集团在华知识产权战略研究. 科技与法律，18（1）：48-54.

罗爱静，龚雪琴. 2010. 区域知识产权战略研究. 中国科技论坛，26（2）：88-91.

罗群燕. 2016. 基于协同创新的企业知识产权合作绩效评价研究. 华侨大学硕士学位论文.

马彩虹. 2004. 高新技术企业组织创新研究. 天津财经学院硕士学位论文.

马虎兆，栾明，贾蓓妮. 2010. 天津市企业知识产权现状统计分析及对策研究. 科技进步与对策，27（2）：93-96.

马慧民，王鸣涛. 2009. 高科技企业知识产权综合实力评价指标体系研究. 科技进步与对策，26（3）：106-108.

马丽. 2011. 开放经济条件下中国企业知识产权保护研究. 商场现代化，40（15）：100-101.

马庆国. 2002. 管理统计：数据获取、统计原理 SPSS 工具与应用研究. 北京：科学出版社.

马姝，崔绍忠. 2004. 对外贸易与中国的国家知识产权战略. 黑龙江对外经贸，18（8）：28-29.

孟海燕. 2011. 实施知识产权战略是培育和发展战略性新兴产业的关键. 中国发明与专利，8（9）：17-18.

孟奇勋，黎运智. 2008. 我国知识产权战略实施软环境评价指标研究. 电子知识产权，18（6）：25-28，36.

孟晓非. 2014. 我国知识产权绩效影响因素的实证分析. 统计与决策，30（15）：87-90.

莫兰琼，刘东升，张敏. 2005. 基于技术创新的企业核心竞争力评价指标体系研究. 价值工程，24（2）：34-36.

莫守忠. 2009. 论区域知识产权产业创新合作的制约因素与对策. 湖南财经高等专科学校学报，25（2）：

5-8.

牟莉莉，汪克夷，钟琦. 2009. 高技术企业合作研发中的知识产权保护机制研究. 科技管理研究，29（2）：
　　251-253.

潘葆铮. 2005. 国际科技合作中的知识产权管理研究. 中国软科学，20（5）：52-59.

潘李鹏. 2016. 知识产权能力及其演化与企业成长研究——基于计算机应用上市企业的实证分析. 浙江
　　工业大学博士学位论文.

潘林伟. 2004. 知识产权保护的法律经济学分析——由《五朵金花》状告"五朵金花"一案谈起. 云南
　　行政学院学报，6（2）：82-85.

邱菀华. 1997. 群组决策特征根法. 应用数学和力学，18（11）：1027-1031.

任嘉嵩，刘雪莲，于丽艳. 2011. 金融知识产权管理绩效重要影响因子研究. 金融教育研究，24（6）：
　　15-18.

申联滨. 2008. 高科技企业知识产权保护中存在的问题及对策. 发展，21（2）：73-74.

沈红宇. 2010. 中国行业特色研究型大学发展研究. 哈尔滨工程大学博士学位论文.

沈莹. 2010. 信息资源共享与知识产权保护的协调. 武汉理工大学学报（信息与管理工程版），32（2）：
　　297-300.

石勇. 2007. 自主知识产权：振兴装备制造业的关键. 求是，50（13）：55-57.

宋柏慧，王渊. 2011. 知识产权扩张——知识产权滥用的新界定. 科学管理研究，29（6）：64-67.

孙斌，彭纪生. 2010. 中国知识产权保护政策与创新政策的协同演变研究. 科技管理研究，30（1）：
　　33-35.

孙冰. 2007. 企业自主创新动力机制研究. 软科学，21（3）：104-107.

孙惠民. 2003. 制度供给与自主知识产权产出和运营. 中国科技论坛，19（1）：48-51.

所晓磊. 2007. 现代企业的风险成本控制. 青年记者，67（20）：92.

谭华霖. 2011. 知识产权制度变革与发展之再思考. 苏州大学学报（哲学社会科学版），32（3）：101-106，
　　191-192.

汤卫君. 2011. 实施知识产权战略，促进新兴产业培育发展——以无锡市为例. 江南大学学报（人文社会
　　科学版），10（2）：77-80.

唐桂娟. 2011. 城市自然灾害应急能力综合评价研究. 哈尔滨工业大学博士学位论文.

唐国华，赵锡斌，孟丁. 2014. 企业开放式知识产权战略框架研究. 科学学与科学技术管理，35（2）：
　　11-20.

唐杰，周勇涛. 2009. 企业知识产权战略实施绩效评价研究. 情报杂志，28（7）：55-60.

田高良，董普. 2007. 现代企业知识产权资本运营战略研究. 生产力研究，22（20）：51-53.

田家林，顾晓燕. 2014. 基于创新主体视角的区域知识产权运营效率提升对策. 科学学与科学技术管理，
　　35（12）：62-70.

万小丽. 2009. 知识产权战略实施绩效评估中的专利质量指标及其作用研究. 科学学与科学技术管理，
　　30（11）：69-74.

王可达. 2008. 企业知识产权战略研究. 广西社会科学，24（5）：66-71.

王莉敏. 2011. 不当竞争法与知识产权法关系探讨. 法制与社会，20（36）：249，255.

王林廷. 2004. 论网络信息资源开发利用的知识产权保护. 四川图书馆学报，26（2）：71-74.

王淇. 2017. 韩国知识产权政策体系初探. 科技促进发展，13（10）：826-831.

王肃. 2011. 试论知识产权战略绩效评估的法制化. 河北科技大学学报（社会科学版），11（2）：54-58.

王涛，顾新，杨早林，等. 2006. 我国高新技术企业知识产权管理现状、问题与对策. 科技管理研究，
　　26（4）：8-11.

王彤, 董惠石. 2000. 国际互联网上信息安全法律问题的现状和发展. 铁路计算机应用, 9 (5): 39-41.

王闻萍. 2008. 高新技术企业知识产权战略与核心竞争力关系研究. 技术与创新管理, 24 (1): 16-18, 35.

王晓云, 唐子艳. 2009. 知识产权滥用防止机制研究. 江西科技师范学院学报, (6): 11-16.

王智源, 宋伟. 2008. 战略联盟视角下企业间的知识产权合作. 经济管理, 30 (3): 51-54.

魏纪林. 2001. 关于企业自主知识产权与无形资产开发运营的几点对策思考. 科技进步与对策, 18 (2): 98-100.

魏云杰, 张圣银. 2008. 基于群组决策特征根法的农业机械化发展水平评价. 内蒙古科技与经济, 27 (19): 13-14.

温国明. 2008. 新高技术企业认定办法对中小企业的影响及应对措施——以洛阳高新区创业中心为例. 中国科技论坛, 24 (10): 70-72.

吴国平. 1999. 技术创新与专利制度的法经济学分析. 研究与发展管理, 11 (5): 6-10.

吴汉东. 2009. 知识产权基本问题研究 (分论). 2 版. 北京: 中国人民大学出版社.

吴凯, 蔡虹, 蒋仁爱. 2010. 知识产权保护的经济效果——基于开放经济体国家的面板数据. 系统管理学报, 19 (4): 379-382.

吴凯, 蔡虹, 蒋仁爱. 2010. 中国知识产权保护与经济增长的实证研究. 科学学研究, 28 (12): 1832-1836.

吴雷. 2010. 黑龙江省装备制造业企业持续创新能力评价研究. 哈尔滨工程大学博士学位论文.

吴树山, 李焕焕. 2012. 浅议我国知识产权基本理论体系的战略构建. 知识产权, 26 (1): 77-81.

吴伟容, 王召. 2011. 基于奥尔森模型的高新技术企业价值评估研究. 中国证券期货, 19 (10): 171-172.

吴文江. 2002. 数据包络分析及其应用. 北京: 中国统计出版社.

吴欣望, 石杰. 2007. 强化知识产权保护及其对策. 山东社会科学, 21 (4): 73-75.

夏先良. 2000. 知识论: 知识产权、知识贸易与经济发展. 北京: 对外经济贸易大学出版社.

萧延高, 范晓波. 2010. 知识产权. 北京: 科学出版社.

肖志刚. 2006. 企业知识产权管理体系建构. 电子知识产权, 16 (11): 28-32.

谢朝阳, 吴永林, 程正中. 2009. 知识产权保护的帕雷托改进——组建国家知识产权经营管理公司的设想. 科技进步与对策, 26 (13): 26-29.

徐辉. 2016. 国防知识产权转化问题及美国经验研究. 国防科技, 37 (3): 48-52.

徐建华. 2012. 对我国高新技术企业知识产权保护的思考. 山东省农业管理干部学院学报, 29 (1): 54-55, 57.

徐建中, 任嘉嵩. 2008. 基于灰色统计的企业知识产权管理绩效重要影响因子研究. 华东经济管理, 22 (8): 149-152.

徐雨森. 2003. 基于知识产权战略的工业企业核心能力培育. 研究与发展管理, 15 (1): 69-73.

许和连, 柴江艺. 2010. 国际化行为与企业知识产权保护. 南开经济研究, 26 (3): 116-134.

许树柏. 1988. 实用决策方法: 层次分析法原理. 天津: 天津大学出版社.

闫俊强. 2007. 企业自主创新动力模型构建. 四川经济管理学院学报, 18 (3): 16-18.

杨晨, 孙旋. 2011. SCP 视角下区域知识产权战略实施绩效探析. 科技进步与对策, 28 (5): 40-44.

杨达. 2011. 韩美 FTA 及对韩国知识产权法的可能影响. 企业导报, 12 (6): 9-10.

杨皎平, 纪成君, 吴春雷. 2009. 产权保护下的集群创新与知识溢出研究. 软科学, 23 (10): 78-82.

杨起全, 吕力之. 2004. 美国知识产权战略研究及其启示. 中国科技论坛, 20 (2): 102-105, 126.

杨瑞含, 周科平. 2015. 基于群组决策和模糊层次分析法的城市公共安全评价. 中国安全生产科学技术, 11 (6): 142-149.

杨水旸. 2008. 中国高新技术企业评价指标体系新探. 中国科技论坛, 24 (12): 53-56.

杨涛. 2010. 完善我国知识产权执法衔接机制的法律思考. 重庆理工大学学报 (社会科学版), 24 (7):

24-29，44.

杨莹. 2009. 高新技术企业自主知识产权战略研究. 天津大学博士学位论文.

杨早立. 2016. 我国知识产权管理系统协同发展研究. 哈尔滨工程大学博士学位论文.

叶美霞，曾培芳，李羊城. 2008. 德国知识产权人才培养模式研究及其对我国的启示. 科学管理研究，26（5）：82-85.

叶伟巍，梅亮，李文，等. 2014. 协同创新的动态机制与激励政策——基于复杂系统理论视角. 管理世界，30（6）：79-91.

易方立，李冀君. 2010. 美国企业知识产权战略及启示. 内蒙古电大学刊，24（2）：18-20.

易继明，孙那. 2017. 美国知识产权政策走向及其对中国的影响——从美国总统特朗普执政角度的一个初步分析. 国际贸易，36（3）：54-57，67.

易继明. 2018. 美国国防领域知识产权的管理模式. 社会科学家，33（6）：9-16，18，161.

尹作亮，袁涌波. 2007. 知识产权与技术创新的作用机制研究. 科技进步与对策，24（5）：10-12.

于兆波. 2009. 从新的《科技进步法》看知识产权保护与知识共享. 中国科技论坛，25（2）：84-87.

袁明，彭友华，向武，等. 2000. 利用专利制度促进技术创新发展高新技术产业. 科技进步与对策，17（2）：41-42.

岳贤平. 2011. 基于外部性的教育研究知识产权保护与共享机制研究. 情报杂志，30（1）：196-201，207.

张卫东. 2017. 美国知识产权许可的反垄断规制研究——兼论对我国知识产权保护的借鉴. 价格理论与实践，37（7）：36-40.

张小虞. 2002. 在竞争中强大的中国汽车工业. 中国机电工业，15（19）：20-21，35.

张筱. 2008. 高新技术企业知识产权战略与自主创新. 华商，23（14）：29-32.

张耀辉. 2011. 知识产权的优化配置. 中国社会科学，32（5）：53-60，219.

张永超. 2013. 知识密集型制造业知识产权管理系统研究. 哈尔滨工程大学博士学位论文.

张永成，郝冬冬. 2016. 开放式创新下的企业知识产权管理策略. 科技管理研究，36（2）：162-167.

赵东红. 2009. 企业组织创新评价研究. 昆明理工大学硕士论文.

赵富洋. 2010. 我国国防科技工业军民结合创新体系研究. 哈尔滨工程大学博士学位论文.

赵丽莉，马民虎，宋美江. 2011. 欧盟嵌入式智能系统联合开发的知识产权政策评鉴. 科技进步与对策，28（3）：97-100.

赵远亮，周寄中，许治. 2008. 高技术企业自主创新、知识产权与自主品牌的联动关系及启示. 科学学与科学技术管理，29（1）：58-63.

郑秉秀. 2002. 国际贸易中的知识产权壁垒. 国际贸易问题，28（5）：26-30.

郑友德. 2010. 德国知识产权法的演进. 电子知识产权，20（10）：56-58.

周寄中，徐倩云. 2002. 知识经济中的知识产权制度及其激励功能. 研究与发展管理，14（2）：51-55，61.

周寄中，张黎，汤超颖. 2005. 关于自主创新与知识产权之间的联动. 管理评论，17（11）：43-47，66.

周明，李宗植. 2011. 基于产业集聚的高技术产业创新能力研究. 科研管理，32（1）：15-21，28.

周晓，何明升. 2007. 组织学习与组织创新. 企业管理，28（12）：91-92.

周永梅. 2016. 协同创新中的知识产权共享机制研究. 西北师范大学硕士学位论文.

朱波尔. 2007. 高新技术企业知识产权保护问题研究. 企业科技与发展，23（15）：33-34.

朱玉荣. 2009. 日本知识产权战略及对我国的启示. 黑龙江对外经贸，23（2）：66-67.

邹薇. 2002. 知识产权保护的经济学分析. 世界经济，25（2）：3-11.

Arahi H. 2000. The facts behind Japan's technology explosion. Managing Intellectual Property，10（5）：19-21.

Awokuse T O，Yin H. 2010. Does stronger intellectual property rights protection induce more bilateral trade?

Evidence from China's imports. World Development, 38（8）: 1094-1104.

Bekkers R, Duysters G, Verspagen B. 2002. Intellectual property rights, strategic technology agreements and market structure: the case of GSM. Research Policy, 31（7）: 1141-1161.

Borg E A. 2001. Knowledge, information and intellectual property: implications for marketing relationships. Technovation, 21（8）: 515-524.

Campi M, Nuvolari A. 2015. Intellectual property protection in plant varieties: a worldwide index（1961—2011）. Research Policy, 44（4）: 951-964.

Casselman M R, Samson D. 2007. Aligning knowledge strategy and knowledge capabilities. Technology Analysis and Strategic Management, 19（1）: 69-81.

Charnes A, Cooper W W. 1962. Programming with the linear fractional functionals. Naval Research Logistics Quarterly, 9（3/4）: 181-186.

Chen Y, Puttitanun T. 2005. Intellectual property rights and innovation in developing countries. Journal of Development Economics, 78（2）: 474-493.

Chesbrough H W. 2006. Open Innovation: The New Imperative for Creating and Profiting from Technology. Boston: Harvard Business School Press.

Chesbrough H, Crowther A K. 2006. Beyond high tech: early adopters of open innovation in other industries. R&D Management, 36（3）: 229-236.

Coriat B, Orsi F. 2002. Establishing a new intellectual property rights regime in the United States origins, content and problems. Research Policy, 31（8/9）: 1491-1507.

Curdy M D, Phelps M. 2002. Why exclusion is not profitable. Managing Intellectual Property, 26（11）: 56-59.

Fosfuri A. 2006. The licensing dilemma: understanding the determinants of the rate of technology licensing. Strategic Management Journal, 27（12）: 1141-1158.

Frame J D. 1977. Mainstream research in Latin America and the Caribbean. Interciencia, 2（3）: 143-148.

Gangopadhyay K, Mondal D. 2012. Does stronger protection of intellectual property stimulate innovation?. Economics Letters, 116（1）: 80-82.

Ginarte J C, Park W. 1997. Determinants of patent rights: a cross-national study. Research Policy, 26（3）: 283-301.

Goldfarb B, Henrekson M. 2003. Bottom-up versus top-down policies towards the commercialization of university intellectual property. Research Policy, 32（4）: 639-658.

Gould D M, Gruben W C. 1996. The role of intellectual property rights in economic growth. Journal of Development Economics, 48（2）: 323-350.

Harison E, Cowan R. 2004. On substitution of intellectual property and free disclosure: an analysis of R&D strategies in software technologies. Economics of Innovation and New Technology, 13（5）: 477-487.

Hicks D, Breitzman T, Olivastro D, et al. 2001. The changing composition of innovative activity in the US—a portrait based on patent analysis. Research Policy, 30（4）: 681-703.

Hu M C, Mathews J A. 2005. National innovative capacity in east Asia. Research Policy, 34（9）: 1322-1349.

Joly P B, de Looze M A. 1996. An analysis of innovation strategies and industrial differentiation through patent applications: the case of plant biotechnology. Research Policy, 25（7）: 1027-1046.

Kanwar S, Evenson R. 2009. On the strength of intellectual property protection that nations provide. Journal of Development Economics, 90（1）: 50-56.

Kingston W. 2001. Innovation needs patents reform. Research Policy, 30（3）: 403-423.

Kollmer H, Dowling M. 2004. Licensing as a commercialisation strategy for new technology-based firms.

Research Policy, 33（8）: 1141-1151.

Kwan Y K, Lai E L C. 2003. Intellectual property rights protection and endogenous economic growth. Journal of Economic Dynamics and Control, 27（5）: 853-873.

Liao P C, Wong K Y. 2009. R&D subsidy, intellectual property rights protection, and north-south trade: how good is the TRIPS agreement. Japan and the World Economy, 21（2）: 191-201.

Lichtenthaler U. 2009. The role of corporate technology strategy and patent portfolios in low-, medium-and high-technology firms. Research Policy, 38（3）: 559-569.

Liegsalz J, Wagner S. 2013. Patent examination at the state intellectual property office in China. Research Policy, 42（2）: 552-563.

Link A N, Siegei D S. 2006. Generating science-based growth: an econometric analysis of the impact of organizational incentives on university-industry technology transfer. The European Journal of Finance, 11（3）: 169-181.

Maskus K E, McDaniel C. 1999. Impacts of the Japanese patent system on productivity growth. Japan and the World Economy, 11（4）: 557-574.

Monjon S, Waelbroeck P. 2003. Assessing spillovers from universities to firms: evidence from French firm-level data. International Journal of Industrial Organization, 21（9）: 1255-1270.

Narayanan V K. 2000. Managing Technology and Innovation for Competitive Advantage. New York: Prentice Hall.

Nieto M, Quevedo P. 2005. Absorptive capacity, technological opportunity, knowledge spillovers, and innovative effort. Technovation, 25（10）: 1141-1157.

O'Brien C J, Smart H L. 1992. Familial coexistence of achalasia and non-achalasic oesophageal dysmotility: evidence for a common pathogenesis. Gut, 33（10）: 1421-1423.

Palfrey J. 2012. Intellectual Property Strategy. Cambridge: MIT Press.

Park W G, Ginarte J C. 1997. Intellectual property rights and economic growth. Contemporary Economic Policy, 15（3）: 51-61.

Pitkethly R H. 2001. Intellectual property strategy in Japanese and UK companies: patent licensing decisions and learning opportunities. Research Policy, 30（3）: 425-442.

Rapp R T, Rozek R P. 1990. Benefits and costs of intellectual property protection in developing countries. Journal of World Trade, 24（5）: 75-102.

Ryan M P. 2010. Patent incentives, technology markets and public-private bio-medical innovation networks in Brazil. World Development, 38（8）: 1082-1093.

Spagnolo F. 1990. Brazilian scientists' publications and mainstream science: some policy implications. Scientometrics, 18（3/4）: 205-218.

Trajtenberg M. 2001. Innovation in Israel 1968—1997: a comparative analysis using patent data. Research Policy, 30（3）: 363-389.

Xu G G. 2004. Information for corporate IP management. World Patent Information, 26（2）: 149-156.

Yang G F, Maskus K E. 2001. Intellectual property rights, licensing, and innovation in an endogenous product-cycle model. Journal of International Economics, 53（1）: 169-187.

Zhang X M, Liu Q, Wang H Q. 2012. Ontologies for intellectual property rights protection. Expert Systems with Applications, 39（1）: 1388-1400.